Eva Schumann

GEWÄCHSHAUS & FRÜHBEET

Monat für Monat

säen pflanzen pflegen ernten

LIEBE GÄRTNERINNEN UND GÄRTNER,

wer sich ein Gewächshaus, Frühbeet, Hochbeet mit Foliendach oder Ähnliches angeschafft hat, möchte möglichst viel davon haben. Vor allem Anfänger sind unsicher, welche Gemüse und Kräuter wann ausgesät oder gepflanzt werden, wann welche Pflegearbeiten anfallen und wann sie die Früchte ihrer Arbeit ernten und genießen können. Aber auch fortgeschrittene Gewächshaus- oder Frühbeetgärtner schätzen es, wenn sie nachschlagen können, wann welche Arbeiten anstehen, um nichts Wichtiges zu vergessen.

Mit diesem praktischen immerwährenden Arbeitskalender wissen Sie genau, was in jedem Monat unter Glas, Kunststoff oder Folie zu tun ist: welche Vorbereitungen zu treffen sind, welche Aussaaten, Pflanzungen, Pflege-, Ernte- und Instandhaltungsarbeiten anfallen. Das Buch ist zudem mit Anregungen und Tipps gespickt. Damit Sie auch Ihre eigenen Erfahrungen nicht vergessen, gibt es für jeden Kalendermonat einen Platz für Notizen.

Ich wünsche Ihnen viel Freude am diesem Buch und gutes Gelingen!

Eva Schumann

Die Autorin, **Eva Schumann**, ist Gartenbau-Ingenieurin (FH) und leidenschaftliche Hobbygärtnerin. Sie war lange im Gartenbau und im Biologischen Pflanzenschutz tätig. In ihren Büchern teilt sie Gärtnerwissen sowie Beobachtungen und Erfahrungen aus der Praxis. Der schonende Umgang mit der Natur liegt ihr besonders am Herzen. Inspiriert durch das große Interesse an ihren Arbeitskalendern im Internet, wollte sie diesen Service detaillierter und speziell für Selbstversorger in Buchform bieten.

Gewusst, wann welche Arbeiten im Gewächshaus und Frühbeet anfallen und wertvolle Tipps dazu. Damit Sie nicht nur Gemüse und Kräuter ernten, sondern ihr Gartenglück entspannt genießen können.

DAS STECKT IM BUCH

ALLES ZUR RECHTEN ZEIT

… und am rechten Ort. Verschaffen Sie sich zunächst einen Überblick über die Jahreszeiten und die verschiedenen Möglichkeiten des Anbaus unter Glas oder Folie. Um Ihr Jahr im Gewächshaus gut zu planen, helfen Ihnen die praktischen Tabellen am Ende dieses Kapitels.

ASTRONOMISCHE JAHRESZEITEN

Astronomische Kalender richten sich nach den Gestirnen. Da gibt es solche, deren Zeiteinteilung auf dem Lauf der Erde um die Sonne basiert (Solarkalender), und andere, die sich am Lauf des Mondes vor dem Fixsternhimmel orientieren (Lunarkalender).

Das Kalendersystem, das bei uns im privaten und im Berufsalltag zur Terminplanung verwendet wird, ist in der Regel der gregorianische Kalender. Er ist ein astronomischer Kalender, genauer ein Sonnenkalender, und hat eine Jahreslänge von 365,2425 Tagen, die sich auf zwölf Monate verteilen.

Die astronomischen Jahreszeiten werden durch den Weg der Erde um die Sonne bestimmt:

› **FRÜHLING:** Bei uns auf der Nordhalbkugel der Erde beginnt der Frühling mit der Tagundnachtgleiche (Äquinoktium) und dauert etwa 92 Tage. Die Tagundnachtgleiche liegt im gregorianischen Kalender zwischen dem 19. März (erstmals 2048) und dem 21. März (zuletzt 2011, erst wieder im 22. Jahrhundert). Derzeit fällt sie auf den 20. März.

› **SOMMER:** Der Sommer beginnt mit der Sommersonnenwende (Solstitium), der größten Mittagshöhe über dem Horizont, die entweder auf den 20. oder den 21. Juni fällt, und dauert etwa 93 Tage. Derzeit fällt die Sommersonnenwende auf den 21. Juni.

› **HERBST:** Der Herbst wird von der Herbst-Tagundnachtgleiche eingeläutet, die ist am 22. oder am 23. September, und dauert etwa 90 Tage. 2022 und 2023 fällt die Herbst-Tagundnachtgleiche auf den 23. September.

› **WINTER:** Der Winter beginnt mit der Wintersonnenwende, dem niedrigsten Mittagsstand der Sonne, die auf den 21. oder 22. Dezember fällt. Er dauert etwa 89 Tage. Derzeit beginnt der Winter astronomisch meist am 21. Dezember, nur im Jahr 2023 am 22. Dezember.

Neben verschiedenen Sonnenkalendern gibt es auch Mondkalender, wie der islamische Kalender, der sich strikt nach den Mondphasen richtet und 354,372 Tage hat, und Kombinationen (Lunisolarkalender) wie die jüdischen, hinduistischen, thailändischen, chinesischen oder andere Kalender.

Schaltjahre

In der Praxis werden die Nachkommastellen durch Schaltjahre ausgeglichen: Auf drei Jahre mit 365 Tagen folgt ein Schaltjahr mit 366 Tagen, wobei der zusätzliche Tag der 29. Februar ist. Damit im Laufe der Jahrhunderte nun kein Überhang in die andere Richtung entsteht, werden pro 400 Jahre drei Schaltjahre weggelassen.

METEOROLOGISCHE JAHRESZEITEN

Bei den Meteorologen beginnen und enden die Jahreszeiten zu anderen Terminen als die astronomischen, was gelegentlich zu Verwirrung führt. Die Wahl von fixen statt sich ändernden Terminen hat mit deren Aufgaben, der Beobachtung und Erfassung von Wetterdaten sowie deren Auswertung zu tun.

Die meteorologischen Jahreszeiten sind an die Jahreszeiten des astronomischen Kalenders gekoppelt. So beginnt jede Jahreszeit im meteorologischen Jahreszeitenkalender am ersten Tag des Monats, in welchem der Beginn der astronomischen Jahreszeit liegt, und dauert drei volle Monate.

Die meteorologischen Jahreszeiten erleichtern die Erfassung und statistische Auswertung von Klimadaten:

› **FRÜHLING:** Der Frühling dauert im meteorologischen Kalender vom 1. März bis zum 31. Mai.

› **SOMMER:** Der Sommer beginnt am 1. Juni und endet am 31. August.

› **HERBST:** Als Herbst wird die Zeit vom 1. September bis zum 30. November bezeichnet.

› **WINTER:** Winter ist im meteorologischen Kalender die Zeit vom 1. Dezember bis Monatsende Februar.

Auf den Webseiten des Deutschen Wetterdienstes (https://www.dwd.de/) kann man aktuelle und historische Wetterdaten als Tageswerte und als Monatswerte recherchieren.

TIPP: Messen Sie auch die „Wetterdaten" wie Temperatur, Luftfeuchte, Lichtstärke und andere im eigenen Gewächshaus. Wenn Sie die Daten aufzeichnen, können Sie im Nachhinein nachvollziehen, warum die Radieschen der gleichen Sorte in diesem Jahr schneller erntereif wurden als im letzten. Messgeräte bekommt man bei Gewächshausanbietern, die auch Zubehör im Sortiment haben, und bei Spezialisten für Mess- und Klimatechnik (siehe Serviceteil am Ende des Buches).

Gärtnern nach dem Mond

Gärtnern nach dem Mond hat zwar mit dem Mond zu tun, aber eher einen astrologischen Hintergrund. Dass sich große Massen gegenseitig beeinflussen, haben wir im Physikunterricht gelernt, und dass der Mond manches beeinflusst, was auf der Erde passiert, zeigen die Gezeiten. Beim Gärtnern nach dem Mond geht es aber um Sternbilder (Tierkreiszeichen), in denen der Mond steht. Entsprechend werden Fruchttage, Wurzeltage, Blütentage und anderes zu einem bestimmten Datum festgelegt. Das Gärtnern nach dem Mond hat seine Anhänger, die von guten Erfahrungen sprechen. Allerdings gibt es meines Wissens bis heute keine wissenschaftlichen Belege. In diesem Buch wird darauf nicht näher eingegangen.

PHÄNOLOGISCHE JAHRESZEITEN

Die Natur hat immer recht. Sie richtet sich nicht nach Kalendern oder anderen Vorgaben, sondern nach dem Klima und Wetter an einem bestimmten Standort, beispielsweise den Sonnenstunden oder dem Temperaturverlauf des Jahres. Und sie zeigt uns, in welcher Jahreszeit sie sich wirklich befindet.

Wenn sich die männlichen Blüten der Hasel öffnen, zeigt das den Beginn des Vorfrühlings an. Jetzt können die ersten Gemüse ins ungeheizte Gewächshaus gepflanzt werden (bei Frostgefahr mit Vliesschutz).

Die Phänologie ist die Lehre der Erscheinungen in der Natur und eine wichtige Hilfe bei der Klimaforschung. Flora und Fauna zeigen uns, in welcher phänologischen Phase sie sich tatsächlich befinden – mit dem Beginn der Blüte bestimmter Zeigerpflanzen, ihrer Blattentfaltung, Fruchtbildung, Fruchtreife, Blattfärbung oder dem Blattfall. Und diese Erscheinungen hängen vom tatsächlichen Wetterverlauf im jeweiligen Jahr ab. Auch Insekten sind von der Temperatur abhängig: Höhere Temperaturen beschleunigen ihre Entwicklung (und verkürzen ihr Leben), sodass mehr Generationen in einem Jahr auftreten können. Kühle Temperaturen verlangsamen die Entwicklung, beispielsweise schlüpfen die erwachsenen Käfer später aus den Puppen. Zur Feststellung der phänologischen Jahreszeiten orientieren sich die Wissenschaftler aber in der Regel an Pflanzen, da sie leichter zu beobachten sind.

Der phänologische Jahreskalender unterteilt das Jahr in zehn phänologische Jahreszeiten, die je nach Region und von Jahr zu Jahr variieren.

Phänologische Jahreszeiten und Zeigerpflanzen (Beispiele)

ZEIGERPFLANZE	WACHSTUMSSTUFE	ORIENTIERUNG FÜR GÄRTNER
Vorfrühling (beginnt etwa Ende Februar/Anfang März, dauert ca. 35 Tage)		
Haselnuss	Die einzelnen Blüten der männlichen Blütenstände öffnen sich.	Im Freiland ist es oft noch zu nass, aber im Frühbeet und ungeheizten Gewächshaus kann man bereits Salat, Kohlrabi und Rettich für die frühe Ernte pflanzen oder Radieschen, Gartenkresse und anderes aussäen.
Schneeglöckchen	Die Schneeglöckchen erblühen.	
Winterjasmin	Der Winterjasmin hat bereits im Winter begonnen zu blühen und ist nun in der Vollblüte.	
Erstfrühling (ab etwa Ende März/Anfang April, dauert ca. 32 Tage)		
Forsythie	Die Forsythien blühen auf.	Während draußen die Forsythien blühen, reifen im ungeheizten Gewächshaus die Gemüse von der Vorfrühlingspflanzung heran.
Stachelbeere	Stachelbeeren und Johannisbeeren entfalten die Blätter.	
Johannisbeere		
Vollfrühling (ab etwa Ende April/Anfang Mai, dauert ca. 30 Tage)		
Apfelbaum	Blüte	Frostempfindliche Pflanzen dürfen noch nicht ins Freie, aber im (frostfreien) Gewächshaus werden je nach Empfindlichkeit die ersten Hauptkulturen („Sommerkulturen“) gepflanzt.
Flieder	Blüte	
Eiche	Laubentfaltung	
Frühsommer (beginnt etwa Ende Mai/Anfang Juni, dauert ca. 22 Tage)		
Schwarzer Holunder	Blüte	Wenn der Holunder blüht, ist die Zeit der Nachfröste vorbei. Tomaten, Paprika und Chili dürfen auch ins Freie (am besten unter ein Dach) und empfindliche Gurkensorten zu den anderen Fruchtgemüsen ins ungeheizte Gewächshaus.
Robinie	Blüte	
Roggen	Blüte	
Hochsommer (beginnt etwa Mitte/Ende Juni, dauert ca. 44 Tage)		
Johannisbeere	Beerenreife	Im Gewächshaus fallen jetzt vor allem Pflege- und Erntearbeiten an.
Sommerlinden	Blüte	
Wintergerste	Erntereife	
Spätsommer (ab etwa Anfang August, dauert ca. 23 Tage)		
Frühapfel	Fruchtreife	Im Gewächshaus ist Haupterntezeit der Fruchtgemüse, aber es wird auch Zeit zu planen, was Sie im Herbst und Winter auf den Gewächshausbeeten haben möchten: Feldsalat, Spinat, Porree, Endivie oder andere.
Felsenbirne	Fruchtreife	
Vogelbeere	Fruchtreife	

ZEIGERPFLANZE	WACHSTUMSSTUFE	ORIENTIERUNG FÜR GÄRTNER
Frühherbst (beginnt etwa Ende August, dauert ca. 25 Tage)		
Herbstzeitlose	Blüte	Die Ernte der Sommergemüse und die Aussaat und Pflanzung von Herbst- und Wintergemüse setzen sich fort.
Schwarzer Holunder	Fruchtreife	
Haselnuss	Nussreife	
Vollherbst (ab etwa Ende September, dauert ca. 24 Tage)		
Rosskastanie	Kastanienreife, Beginn der Laubfärbung	Spät ausgesäte Paprika und Chili beginnen jetzt erst mit der Fruchtfärbung. Auch die leckeren Biergartenrettiche können Sie jetzt ernten. Langsam sollten Sie aber auch daran denken, was am Gewächshaus vor dem Winter zu reparieren ist.
Walnuss	Nussreife	
Quitte	Fruchtreife	
Spätherbst (ab etwa Mitte Oktober, dauert ca. 19 Tage)		
Rosskastanie, Stieleiche	Laubfall	Überwinternde Gemüse wie Feldsalat und Spinat benötigen ausreichend Feuchtigkeit im Boden, aber auch viel frische Luft.
Wintergetreide	Keimung	
Winter (beginnt etwa Anfang November, dauert ca. 111 Tage)		
Es herrscht weitgehend Vegetationsruhe.		

Die Zeitangaben sind mittlere Werte der Jahre 1981–2010.
Quelle: Klima und Pflanzen – Phänologie (Faltblatt DWD)

Apfelbäume blühen etwa Ende April/Anfang Mai. Das ist auch die Zeit, wenn die Tomaten und andere Sommergemüse ins Gewächshaus gepflanzt werden.

GEWÄCHSHAUS, FRÜH-BEET UND FOLIENTUNNEL

Gewächshaus, Frühbeet, Kunststofftunnel, Vliesauflage und Ähnliches mit lichtdurchlässiger Haut profitieren vom Gewächshauseffekt: Licht wird in Wärme umgewandelt. Wie stark der sich auswirkt, ist unterschiedlich. Und auch die Nutzungsmöglichkeiten, die sich daraus ergeben, sind verschieden.

Ein Gewächshaus bietet Pflanzen Schutz und Wärme. Durch Aufleiten hoher Gemüsearten und Anbringen von Regalen an den Seitenwänden nutzt man den kostbaren Platz optimal.

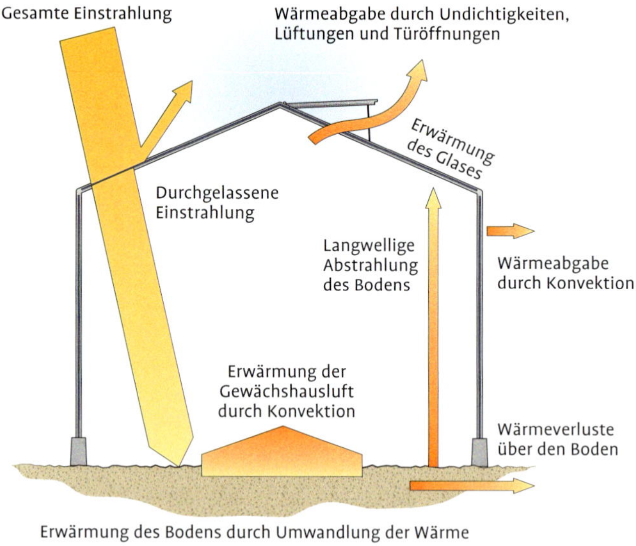

Im Gewächshaus wird ein Teil des Sonnenlichtes in Wärme umgewandelt. Mehr zu den Grundlagen im Buch „Das Kleingewächshaus: Technik und Nutzung".

Wie stark der Gewächshauseffekt im Einzelfall ist, hängt davon ab, wo das Gewächshaus steht (Sonneneinstrahlung, Windexponiertheit), wie lichtdurchlässig die Außenhaut ist, wie gut die Wärme im Gewächshaus gehalten wird (Eindeckungsmaterial, Dichtigkeit, Wärmeleitung der Konstruktion, Wärmeleitung im Boden nach außen, Verhältnis von Luftvolumen zur Summe der Oberflächen) und andere Faktoren mehr.

TIPP: Im Sommer wird es im Gewächshaus schnell zu heiß. Achten Sie daher bereits beim Kauf auf gute Lüftungsmöglichkeiten. Es gibt Gewächshäuser, bei denen eine ganze Seitenwand hochgeklappt werden kann, wodurch die überdachte Fläche größer wird. Wer jedoch frostempfindliche Pflanzen im Gewächshaus stehen hat, wartet damit, die Seitenwand dauerhaft für die Gartensaison hochzustellen, bis die Eisheiligen (Mitte Mai) vorbei sind.

Gewächshäuser gibt es in vielen Ausführungen hinsichtlich Konstruktion und Eindeckungsmaterialien (Glas, Kunststoff-Stegplatten, Folie), Arten und Formen (Anlehngewächshaus, Erdgewächshaus, freistehend mit symmetrischem oder asymmetrischem Dach, in Tunnelform etc.).

UNGEHEIZTES GEWÄCHSHAUS

Das ungeheizte Gewächshaus erhält seine Energie nur durch das tagsüber einfallende Sonnenlicht. Im Winter ist es im Gewächshaus zur kältesten Tageszeit (kurz nach Sonnenaufgang) nur wenig wärmer als draußen – die gespeicherte Wärme ist nun ziemlich aufgebraucht. Doch sind die Pflanzen im Gewächshaus vor eisigen Winden, Schnee und Regen geschützt. Im Durchschnitt kann man im Spätwinter etwa zwei Wochen früher mit den ersten Aussaaten und Pflanzungen als draußen im Freien beginnen, in der Regel Ende Februar/Anfang März – auch, weil der Boden im Gegensatz zu draußen nicht durch Schneeschmelze oder Regen übernässt und schmierig ist.

Direkt nach dem Pflanzen oder Säen sorgt eine Vlies- oder Folienauflage für noch mehr Schutz, nachts helfen zusätzlich aufgelegtes Zeitungspapier oder Strohmatten auf dem Dach.

TIPP: Wenn Sie Fruchtgemüse wie Gurken oder Tomaten im Gewächshaus anbauen möchten, planen Sie diese am besten auf den dafür vorgesehenen Beeten als Hauptgemüse im Sommer ein und positionieren Sie die mit kurzer Kulturzeit sowie kleinbleibende Gemüse- und Kräuterarten vorher, nachher und/oder währenddessen zwischen den Reihen ein.

FROSTFREIES GEWÄCHSHAUS

Wer sein Gewächshaus im Winter frostfrei halten möchte, muss bei andauernden Außentemperaturen unter dem Gefrierpunkt Wärme hinzufügen. Bei gemüsebaulich genutzten Gewächshäusern ist das nicht notwendig, außer im Gewächshaus befindet sich auch ein Anzuchtbeet oder ein Anzuchtkasten, das schon im Winter benutzt wird, oder aber man überwintert (zusätzlich) frostempfindliche Kübelpflanzen. Auch bei der Lagerung von Gemüse in oberirdischen Kisten und nicht in einer Erdmiete ist bei starken Kälteeinbrüchen eine Wärmezufuhr notwendig. Als „Frostwächter" werden strombetriebene Gebläseheizungen mit Thermostat eingesetzt. Sie sollten die Schutz-

Wer im Gewächshaus bereits im Winter Jungpflanzen anziehen oder dort wärmebedürftige Pflanzen überwintern möchte, muss das Gewächshaus ganz oder einen abgetrennten Teil davon heizen.

klasse „Spritzwassergeschützt nach IPX4" haben. Im Sommer sind diese Gebläseheizungen auf Lüfterstufe (ohne Heizleistung) als Lüftungsunterstützung nutzbar, was bei Gewächshäusern mit kleinen Lüftungsöffnungen hilfreich sein kann. Strom aus Ökostrom zum Betreiben des Heizlüfters verbessert die Umweltbilanz. Wer keinen Stromanschluss im Gewächshaus hat (oder ersatzweise eine kleine Photovoltaik-Inselanlage), kann in kleinen Gewächshäusern alternativ ein Heizsystem mit Paraffinöl verwenden. Allerdings ist die Heizwirkung viel geringer, zudem klagen manche Nutzer über die Unzuverlässigkeit, die Geruchsbelästigung und das Rußen.

TEMPERIERTES ODER WARMES GEWÄCHSHAUS

Gewächshäuser, die temperiert (12 bis etwa 18 °C für die Jungpflanzenanzucht) oder gar warm (über 18 °C für die Keimung wärmebedürftiger Arten) gehalten werden sollen, benötigen eine gas-, öl- oder strombetriebene Heizung. Damit möglichst wenig der wertvollen Energie verloren geht, sollte das Gewächshaus gut isoliert sein.

Wer in einem temperierten Gewächshaus einen Bereich für wärmeliebende Aussaaten nutzt, kann ein elektrisch beheizbares Anzuchtbeet aufstellen und schafft damit zwei unterschiedliche Wärmezonen.

TIPP: Spendieren Sie Ihrer Jungpflanzenanzucht im Winter ein pflanzengerechtes Zusatzlicht. Das verkürzt die Jungpflanzenanzucht und die Pflanzen wachsen gerade und kräftig.

Im Growschrank/Growzelt lassen sich Licht, Temperatur und Luftfeuchte dem Pflanzenbedarf entsprechend künstlich erzeugen.

ANZUCHTKASTEN UND GROWSCHRANK

Anzuchtkästen gibt es nicht nur für das Gewächshaus, sondern auch für die Fensterbank, mit und ohne Heizung sowie mit und ohne Zusatzlicht.

Growschränke und Growzelte sind so konzipiert, dass sie ganz ohne Sonnenlicht, also ganz ohne Gewächshauseffekt, auskommen. Licht und Klima werden unabhängig von der Außenwelt mithilfe zugefügter Energie und einiger Technik ganz nach Wunsch erzeugt. Das ermöglicht Indoorfarming im Kleinen, nämlich im Schrank/Zelt in der Wohnung statt auf einer Etage in einem Industriegebäude wie im erwerbsmäßigen Indooranbau.

Mistpackung/Kompostpackung

Stabile Frühbeete mit einer festen Umrandung (Beton, Holz) können als Mistbeet/Hochbeet mit Kompostfüllung angelegt werden. Die größte Wärmewirkung hat Pferdemist: Mistbeete mit Pferdemistpackung können bereits Anfang/Mitte Februar bepflanzt werden. Der Boden muss dazu etwa 60 cm tief ausgehoben, mit Mist, Laub und Stroh 40 cm hoch befüllt, befeuchtet und festgetreten und zum Schluss mit 20 cm Erde abgedeckt werden. Mit dem Bepflanzen wartet man ein paar Tage, bis der Ammoniak aus dem Pferdemist entwichen ist:

Mit Kompost- oder Mistpackungen kann man für Wärme von unten sorgen, allerdings sollte man nur alle zwei Jahre eine Mistpackung auf die gleiche Fläche packen. Mist ist sehr nährstoffreich und wird nicht von allen Pflanzen vertragen: Auf Mist verzichten sollte man bei Gurken, Tomaten, Sellerie, Porree, Kohlarten und Bohnen.

FRÜHBEET, MISTBEET, HOCHBEET MIT HAUBE

Ein Frühbeet oder ein ähnlicher Aufsatz für das Hochbeet ermöglichen wie ein Gewächshaus einen früheren Anbaubeginn, kürzere Kulturzeiten als ungeschützt im Freien und eine längere Anbausaison. Sie bieten den ersten und letzten Gemüsearten und Kräutern Schutz vor Kälte, Wind und Niederschlägen. Oft werden sie auch zur Abhärtung von Jungpflanzen aus dem warmen Gewächshaus verwendet, bevor diese dann ins Freie gepflanzt werden.

Kalte Frühbeete (ohne Mistpackungen, Heizmatten oder Ähnlichem) können je nach Region und Wetter ab etwa Mitte oder Ende Februar gemüsebaulich genutzt werden, warme Frühbeete mit Pferdemistpackung etwa ab Anfang Februar.

Zur kältesten Nacht-/Morgenzeit ist es im Winter unter dem Frühbeetdach kaum wärmer als draußen. wZusätzlichen Schutz bieten Strohmatten, die abends aufgelegt und in den wärmer werdenden Morgenstunden wieder entfernt werden.

TIPP: Sie haben nicht genug Platz im Gewächshaus oder gar kein Gewächshaus? Legen Sie im Sommer die Fenster des Frühbeetes hoch und bauen Sie darunter Paprika, Buschtomaten oder andere Pflanzen an: stabile Pfosten einschlagen, Latten darauf nageln und die Fenster darauf legen, schon haben die Pflanzen ein Regendach.

Mit hochgelegten Fenstern wird das Frühbeet im Sommer zum Regenschutz für Paprika, Chili und Buschtomaten.

Stattet man das Hochbeet mit einem Überdachungsgerüst aus, kann man je nach Bedarf einen Wärmeschutz (Folie, Vlies) oder eine Insektenbarriere (Insektenschutznetz) darüberziehen.

FOLIEN- UND PFLANZTUNNEL

Teilweise werden Foliengewächshäuser (mit Folie bespannte Metallrohre, ohne Fundament) als Folientunnel bezeichnet, aber hier sind die kleinen Beettunnel gemeint, die man ohne viel Aufwand auf- und abbauen kann, die aber im Gegensatz zu einer einfachen Folien- oder Vliesauflage die Pflanzen nicht berühren. Es gibt sie in unterschiedlichen Ausführungen, beispielsweise als mit Folie bespannte Metallbögen oder vorgeformt aus festem Kunststoff (oft als Pflanztunnel bezeichnet), die mit Erdankern befestigt werden. Mit ein paar Handgriffen können sie schnell auf- oder umgestellt werden – beispielsweise als Zusatzschutz im Gewächshaus oder als Dach auf einem Hochbeet. Folientunnel sollten gut zu lüften und regendurchlässig sein beziehungsweise Gießen ohne großen Aufwand ermöglichen.

Manchmal muss es „quick & dirty“ gehen, das heißt, das Regendach mit einfachsten Mitteln schnell gebaut werden. Das sieht nicht immer toll aus, aber die Tomaten stört es nicht, sie wachsen prächtig.

Den allerersten Pflanzungen und Direktsaaten im Gewächshaus sollte man ein Vlies als zusätzlichen Kälteschutz spendieren.

REGENSCHUTZDACH, TOMATENHAUS

Für Pflanzen, die viel frische Luft mögen und denen gleichzeitig ein Regenschutz guttut, sind Regenschutzdächer beziehungsweise Tomatenhäuser zu empfehlen. Frostempfindliche Arten dürfen allerdings erst nach den Eisheiligen unter solche Dächer oder in andere nicht rundum geschlossene Tomatenhäuser gepflanzt werden.

FOLIE UND VLIES

Folie und Vlies lassen sich im Freilandbeet, auf dem Hochbeet, im Frühbeet und im Gewächshaus als (zusätzlicher) Kälteschutz einsetzen. Mit dieser Flachabdeckung kann man zwar nicht früher mit dem Anbau beginnen, aber unter ihnen wird die Wärme besser gespeichert, die Pflanzen keimen und wachsen besser und sind früher erntereif.

Folien werden als Rundloch- und als Schlitzfolie aus Polyethylen (PE) oder Polypropylen (PP) angeboten, wobei die Schlitzfolie ihre Schlitze mit dem Pflanzenwachstum mehr und mehr öffnet. Nach dem Pflanzen und vor dem Auflegen der Folie sollte gut gegossen werden und auch später sollte man immer wieder die Bodenfeuchte kontrollieren. Werden Folien sauber, trocken und dunkel gelagert, sind sie mehrere Jahre verwendbar.

Gartenvlies/Wachstumsvlies ist meist aus PP. Es lässt sich nur bei schonender Behandlung mehrmals verwenden.

DAS ANBAUJAHR

Zum Gemüseanbaujahr im ungeheizten Gewächshaus finden Sie hier einige Tabellen, die Ihnen bei möglichen eigenen Planungen helfen.

GEMÜSE (BEISPIELE)	JANUAR			FEBRUAR			MÄRZ			APRIL			MAI		
	A	M	E	A	M	E	A	M	E	A	M	E	A	M	E
Vorkultur (Frühgemüse)															
Kohlrabi						🌱	🌱	-	-	-	🧺	🧺			
Rettich						🌱	🌱	-	-	-	🧺	🧺			
Radieschen (Pflanz-)						🌱	🌱	-	-	-	🧺	🧺			
Radieschen (Sä-)						⁘	⁘	-	-	-	-	🧺	🧺		
Kopfsalat						🌱	🌱	-	-	-	🧺	🧺			
Eissalat früh						🌱	🌱	-	-	-	🧺	🧺			
Hauptkultur im Sommer															
Aubergine												🌱	🌱	-	-
Chili und Paprika												🌱	🌱	-	-
Gurken (veredelte oder Kastensorten)													🌱	-	-
Gewächshausgurken														🌱	🌱
Tomate												🌱	🌱	-	-
Tomatillo												🌱	🌱	-	-
Nachkultur (Spätgemüse)															
Kohlrabi															
Rettich															
Radieschen															
Kopfsalat															
Endiviensalat															
Feldsalat für Herbsternte															
Spinat Herbsternte (Baby Leaf, Gemüse)															
Überwinterung															
Feldsalat, Ernte an frostfreien Tagen	-	🧺	🧺	🧺	🧺	🧺	🧺	🧺							
Spinat, Ernte an frostfreien Tagen	🧺	🧺	🧺	🧺	🧺	🧺									
Porree, Ernte an frostfreien Tagen	🧺	🧺	🧺	🧺	🧺	🧺	🧺	🧺							

A = Monatsanfang, M= Monatsmitte, E = Monatsende
Direktsaat = Direktsaat, Pflanzung = Pflanzung von vorgezogenen Pflanzen, Ernte = Ernte

JUNI			JULI			AUGUST			SEPTEMBER			OKTOBER			NOVEMBER			DEZEMBER		
A	M	E	A	M	E	A	M	E	A	M	E	A	M	E	A	M	E	A	M	E
-	-	-	-	-	Ernte	Ernte	Ernte	Ernte	Ernte	Ernte	Ernte									
-	-	-	-	-	Ernte	Ernte	Ernte	Ernte	Ernte	Ernte	Ernte	Ernte								
-	-	-	-	-	Ernte	Ernte	Ernte	Ernte	Ernte	Ernte	Ernte									
-	-	-	-	-	-	Ernte	Ernte	Ernte	Ernte	Ernte	Ernte									
-	-	-	-	-	Ernte	Ernte	Ernte	Ernte	Ernte	Ernte	Ernte									
-	-	-	-	-	Ernte	Ernte	Ernte	Ernte	Ernte	Ernte	Ernte									
						Pflanzung	Pflanzung	-	-	-	-	-	Ernte	Ernte						
				Direktsaat	Direktsaat	-	-	-	-	-	-	-	Ernte	Ernte						
									Direktsaat	Direktsaat	-	-	-	Ernte	Ernte					
							Pflanzung	-	-	-	-	-	Ernte	Ernte	Ernte					
									Pflanzung	-	-	-	-	-	-	-	Ernte	Ernte		
							Direktsaat	Direktsaat	Direktsaat	-	-	-	-	-	Ernte	Ernte	Ernte	Ernte		
							Direktsaat	Direktsaat	Direktsaat	-	-	Ernte	Ernte	Ernte	Ernte	Ernte	Ernte	Ernte		
										Direktsaat	Direktsaat	Direktsaat	-	-	-	-	-	-	-	-
										Direktsaat	Direktsaat	Direktsaat	-	-	-	-	-	-	-	Ernte
					Pflanzung	-	-	-	-	-	-	-	-	-	-	-	-	-	Ernte	Ernte

JUNGPFLANZENANZUCHT

Vom Samen bis zur fertigen Jungpflanze (Beispiele)

GEMÜSE	SAATGUT LAGERFÄHIGKEIT IN JAHREN	OPTIMALE KEIM-TEMPERATUR IN °C	KEIMDAUER IN TAGEN	DAUER JUNG-PFLANZENANZUCHT IN WOCHEN
Aubergine	4–5	22–25	14–28	9–10
Bohnen (Garten-)	3–4	25	7–10	(4–6)
Chili, Paprika	3–4	25	10–21	8–9
Endivie	4–5	12–16	10–14	4–6
Feldsalat	2–3	15–20	14–28	(4–6)
Salatgurke	4–5	25–28	5–14	5–6
Kohlrabi	4–5	20	5–14	5–8
Kopfsalat, Eissalat	3–4	12–16	10–14	5–8
Melone	5–6	25–28	7–21	7–8
Porree (Lauch)	2–3	20	12–28	7–12
Radies, Rettich	4–5	20	7-14	(4)
Spinat	3–4	12–22	7–14	(2–3)
Tomaten	3–4	20-25	8–15	7–8

TERMINGERECHTE JUNGPFLANZENANZUCHT

Rechtzeitig vorziehen für Gewächshaus, Frühbeet und Freiland (Beispiele)

BEGINN JUNGPFLANZENANZUCHT KULTUR	ANZUCHTDAUER IN WOCHEN	PFLANZTERMIN	PFLANZORT
Aussaat Mitte Januar			
Kopfsalat, Kohlrabi,	6–8	Ende Februar	Gewächshaus
Aussaat Ende Januar			
Rettich	4–5	Anfang März	Gewächshaus
Aussaat ab Mitte Februar			
Auberginen, Chili, Paprika	8–10	Ende April	Gewächshaus
Weißkohl, Wirsing, Blumenkohl	6–7	Anfang April	Freiland
Kopfsalat	6	Ende März	Freiland
Aussaat Anfang März			
Auberginen	9–10	Mitte Mai	Freiland, geschützt

BEGINN JUNGPFLANZENANZUCHT KULTUR	ANZUCHTDAUER IN WOCHEN	PFLANZTERMIN	PFLANZORT
Aussaat ab Mitte März			
Chili, Paprika	8–9	Mitte Mai	hochgestelltes Frühbeet, Freiland
Tomaten	7–8	Anfang Mai	Gewächshaus
Frühsommersalat	5	Ende April	Freiland
Blumenkohl, Weißkohl, Wirsing, Brokkoli	5	Ende April	Freiland
Knollenfenchel, Kohlrabi	6	Ende April	Freiland
Sellerie	8	Mitte Mai	Freiland
Okra	9	Mitte Mai	Gewächshaus
Andenbeeren	9	Ende Mai	Gewächshaus
Aussaat ab Ende März			
Tomaten	7–8	Mitte Mai	hochgestelltes Frühbeet, Freiland
Melonen	7–8	Ende Mai	Gewächshaus, Frühbeet
Aussaat Anfang April			
Gurken	5–6	Mitte Mai	Gewächshaus
Aussaat ab Mitte April			
Gurken	5–6	Ende Mai	Frühbeet
Spätkohl	6	Ende Mai	Freiland
Sommersalat	5	Ende Mai	Freiland
Aussaat ab Anfang Mai			
Buschbohnen	3	Ende Mai	Frühbeet
Stangenbohnen	3	Ende Mai	Freiland
Zucchini	3–4	Ende Mai	Freiland
Aussaat ab Ende Mai			
Grünkohl	4	Ende Juni	Freiland
Aussaat ab Mitte Juni			
Endivie	4	Mitte Juli	Freiland
Aussaat ab Ende Juli			
Chinakohl	3	Mitte August	Freiland
Endivie	4	Ende August	Gewächshaus, Frühbeet
Herbst-Blumenkohl	4	Mitte Juli	Freiland

ARBEITS-KALENDER

Der Arbeitskalender hilft Ihnen, an alle Arbeiten zur richtigen Zeit zu denken. Die Terminvorschläge orientieren sich am Klima in Freising (Oberbayern). An wintermilden Standorten wie Köln oder Frankfurt kann oft, aber nicht immer, etwas früher mit Säen und Pflanzen begonnen werden.

JANUAR

Der Januar ist der Monat der Planung und Vorfreude. Zwar lassen sich noch Gemüse vom Vorjahr ernten, aber die Vorbereitungen für die anlaufende Gartensaison gehen los: Welche Gemüsearten und Sorten möchte man ausprobieren, wie will man die einzelnen Beete nutzen, was lässt sich bereits vorziehen.

Jeder Januar ist anders, in einem Jahr ist es notwendig, tagsüber bei mildem sonnigem Wetter ausgiebig zu lüften, im anderen, Schneemassen vom Dach zu entfernen. Und manchmal muss man beides abwechselnd kurz hintereinander tun. Im ungeheizten Gewächshaus stehen die überwinternden Gemüse, die gepflegt und geerntet werden. Im geheizten Gewächshaus wird verfrüht mit der Jungpflanzenanzucht begonnen.

VORBEREITEN

Im Januar wird überlegt, was man im Laufe des Jahres wann und wo anbauen möchte und was dazu noch besorgt werden muss. Gartenmagazine, Gartenblogs, Beiträge in den sozialen Medien und die Frühjahrskataloge bieten jede Menge Anregungen.

Planung

Damit der wertvolle Platz im Gewächshaus bestmöglich genutzt wird, hat sich die Unterteilung in Vor-, Haupt- und Nachkultur bewährt, auch als Früh-/Frühjahrs-, Sommer- und Herbst-/Winterkulturen bezeichnet. Das Frühgemüse wie Kopfsalat, Kohlrabi und Rettich steht vom frühesten Anbauzeitpunkt (etwa Mitte Februar/Anfang März) bis zur Pflanzung der Sommerkulturen wie Tomaten, Paprika und Auberginen im Gewächshaus. Ab August werden bereits die Herbst-/Wintergemüse Radieschen, Rettich, Feldsalat, Spinat (*Spinacia oleracea*) ausgesät oder vorgezogen und ausgepflanzt, sobald Platz frei wird.

Gewächshausaufteilung: Ein mittiger Weg reicht für kleinere Gewächshäuser, um jeden Winkel bearbeiten zu können.

Die Einteilung in Vorkultur, Hauptkultur und Nachkultur stammt aus dem Erwerbsgartenbau, wo Beete meist als Ganzes bearbeitet und auf die nächste Anbauphase vorbereitet werden. Doch sind auch fließende Übergänge möglich, vor allem wenn man ohne Umgraben beziehungsweise ohne Bodenwenden gärtnert ➤ No-Dig-Verfahren 51: Die Tomaten (Sommerkultur) werden zwischen die Frühgemüse gesetzt. Wenn diese unter den Tomaten abgeerntet sind, pflanzt man ein niedriges Gemüse (Sommersorte) und als letztes die Herbstkultur zwischen die noch stehenden Tomaten. Am besten wird schon bei der Vorkultur im Beet markiert, wo später die Tomaten gepflanzt werden sollen und dort Gemüse mit kurzer Kulturzeit gesät (Gartenkresse) oder gepflanzt (vorkultivierte Radieschen).

TIPP: Wer schriftlich festhält, was wohin gepflanzt wurde, tut sich im nächsten Jahr mit der Planung leichter.

Mischkultur und Fruchtwechsel
Der Anbau als Mischkultur und der Fruchtwechsel verhindern, dass der Boden einseitig beansprucht wird und dass sich Krankheiten und Schädlinge breit machen. Beispielsweise kann man von Reihe zu Reihe abwechseln oder niedrige Gemüsearten unter hochwachsende säen oder pflanzen. Da die Fruchtgemüse einige Monate lang auf dem Beet stehen, wird ihr Platz von Jahr zu Jahr gewechselt: Standen im letzten Jahr Tomaten auf Beet 1, so pflanzt man dieses Jahr ein Fruchtgemüse aus einer anderen Pflanzenfamilie dorthin.

Bei der **Sortenwahl** achtet man auf die empfohlene Anbauzeit, denn manche Sorten gehen in die Blüte, wenn sie zur falschen Zeit gesät oder gepflanzt werden, statt Knollen oder Blätter auszubilden.

Hat man Samen von früheren Jahren übrig, kann man mit einer **Keimprobe** feststellen, ob die Samen noch keimfähig sind. Der Test lohnt sich nur bei größeren Restmengen einer Charge. Für die Keimprobe werden die Samen auf feuchtes Küchenpapier auf einem Teller oder Untersetzer ausgelegt. Darüber wird eine Haube oder Plastiktüte gestülpt und das Ganze an einen Platz mit der optimalen Keimtemperatur gestellt.

TIPP: Manche Salatsorten keimen schlecht bei Temperaturen ab 20 °C. Um diese Keimhemmung zu vermeiden, stellen Sie die Keimprobe oder die Aussaatschale nach dem Angießen einige Tage lang kühl, beispielsweise in den Kühlschrank bei etwa 4–8 °C, und dann erst ins warme Anzuchthaus.

Samenfeste versus Hybridsorten
Wer eigenen Samen ernten und diese im folgenden Jahr aussäen möchte oder sich am Erhalt und dem Tausch alter Sorten beteiligen möchte, sollte **samenfeste Sorten** wählen, denn Hybridsorten (zu erkennen am Sortennamen-Zusatz F1) spalten sich in der nächsten Generation in Nachkommen mit ganz unterschiedlichen, sichtbaren und unsichtbaren Eigenschaften auf.

JETZT SÄEN UND PFLANZEN

In Gegenden mit milden Wintern kann man in manchen Jahren bereits Ende des Monats Gemüsearten ins ungeheizte Gewächshaus säen und pflanzen, die sonst erst für den Februar empfohlen sind.

VERFRÜHEN UND TREIBEN

Um jetzt **Schnittlauch** in einem geheizten Gewächshaus oder auf einer hellen Fensterbank zu treiben, musste man diesen im Herbst ausgegraben und lose auf einem Haufen oder in Töpfen im Freien gelagert haben. Schnittlauch, der draußen der Kälte ausgesetzt war, wird mit zimmerwarmem Wasser angegossen und gepflanzt oder aufgestellt. (Schnittlauch, der bis zum Treibtermin noch keine Kälte erfahren hat, benötigt eine fünfstündige Warmwasserbehandlung bei 40 °C, bevor mit der Treiberei begonnen wird.) Die Treibtemperatur liegt am besten bei 20 °C. Nach drei Wochen kann der Schnittlauch geerntet werden.

Die Schnittlauchtreiberei lohnt sich, wenn man im Herbst kräftige Schnittlauchballen ausgraben konnte.

PFLEGEN UND ERNTEN

Im Gewächshaus und Frühjahr stehen jetzt Spinat, Feldsalat, Asiasalat und Ähnliches vom Vorjahr. Wenn kein Frost herrscht, kann geerntet werden. Man sollte täglich lüften, zumindest wenn die Temperatur draußen über etwa 5 °C liegt und weiter steigt. Das Lüften reduziert die Luftfeuchtigkeit und somit die Gefahr von Pilzinfektionen und es härtet die Pflanzen ab.

Die Pflanzen müssen bei Bedarf gegossen werden – das ist vor allem in sonnigen Phasen wichtig. Oft wird dem Frost die Schuld gegeben, wenn überwinternde Pflanzen eingehen. Doch eigentlich war Trockenheit die Ursache. Andererseits soll der Boden aber auch nicht patschnass und die Luft nicht zu feucht sein.

TIPP: Verlassen Sie sich in den Wintermonaten nicht auf automatische Fensteröffner. Zum einen können sie eingefroren sein, zum anderen lassen sich die meisten nur auf eine Lüftungstemperatur zwischen 15 und 25 °C einstellen. Das ist aber um die Jahreszeit im Kalthaus mit überwinterndem Feldsalat oder Spinat zu spät. Lüften Sie bei etwa 8 °C von Hand, indem Sie beispielsweise (Teil-)Türen und/oder die Seitenfenster öffnen.

Ein beheiztes Gewächshaus mit Aussaaten oder anderen wärmebedürftigen Pflanzen muss ebenfalls gelüftet werden. Das ist kein Problem, solange die Temperatur draußen nicht außerhalb der Verträglichkeit der Pflanzen liegt. Sind die Außentemperaturen jedoch weit unter den Innentemperaturen, kann der kalte Luftzug den Pflanzen schaden. Zwischenwände oder Kunststoffhauben über den Pflanzen können das verhindern. Wer eine geschlossene Kabine für empfindliche Pflanzen und/oder einen Anzuchtkästen innerhalb des Gewächshauses hat, lüftet zuerst das Gewächshaus. Erst wenn sich die neue Luft um die Kabine oder den Anzuchtkasten erwärmt hat, werden auch die Kabine und der Anzuchtkasten gelüftet.
Bei jedem Rundgang werden kranke Pflanzen entfernt.

Kontrollgänge mit „Chefblick“

Mit einem kritischen Chefblick sucht man gründlich nach Problemen, um sie zeitnah zu beseitigen. Dabei wird der Zustand des Gewächshauses unter die Lupe genommen, auf das Thermometer, den Luftfeuchtemesser und eventuell den Bodenfeuchtemesser geschaut und der Zustand der Pflanzen, vom Wurzelballen bis zu den Triebspitzen, geprüft. Blattunterseiten nicht vergessen!

JUNGPFLANZENANZUCHT

Jungpflanzen kann man um diese Jahreszeit nur in geheizten Gewächshäusern, warmen Anzuchtkästen oder auf einer entsprechend ausgestatteten Fensterbank heranziehen, um sie später woanders auszupflanzen. Die Aussaaten benötigen es warm und hell > Zusatzlicht Seite 39 und Seite 117. Sie sollten nicht der Zugluft oder der prallen Sonne ausgesetzt sein.

Etwa Mitte Januar werden die ersten Sätze **Kopfsalat**, **Kohlrabi** und **Rettich** für die Pflanzung in ein Gewächshaus Ende Februar/Anfang März ausgesät. Kohlrabi und Rettich keimen am besten bei 20 °C, Kopfsalat bei 12–16 °C > Keimhemmung Seite 26.

Ein bequemer Arbeitsplatz für das Aussäen und Pikieren schont den Rücken.

TIPP: Schreiben Sie für jede Sorte ein Etikett mit dem Sortennamen und dem Aussaatdatum und stecken Sie es zur Aussaat. Lassen Sie Platz auf dem Etikett, um später das Pikier- und das Pflanzdatum hinzuzufügen.

Sobald Sie die Keimlinge mit den Fingern greifen können, werden sie pikiert, das heißt, einzeln in Töpfe, Erdpresstöpfe, Schalen oder andere Gefäße umgepflanzt. Die Schalen mit den vereinzelten Jungpflanzen können ein paar Grad kühler aufgestellt werden, bis sie pflanzfertig für den Endstandort sind. Nach der Aussaat oder dem Vereinzeln sofort angießen, später nach Bedarf!

Wenn Sie eine größere Fläche haben, für die Sie Jungpflanzen vorziehen, säen Sie nicht eine große Menge Salat, Kohlrabi oder Rettich auf einmal, sondern teilen Sie die Menge in Sätze auf, die sie im Abstand von etwa zwei Wochen säen. So wird nicht alles auf einmal erntereif.

Bei den meisten **Paprika-** und **Chilisorten** reicht es, sie ab Februar/März vorzuziehen. Doch manche Chilisorten der Gattungen *Capsicum chinense* und *C. baccatum*, die länger von der Aussaat bis zur Reife mit Farbumschlag der Früchte benötigen (beispielsweise die Sorten ‘Habanero Red’, ‘Fatalii’ und ‘Scotch Bonnet’), sät man früher mit Zusatzlicht im Anzuchtgewächs-

Ein Teil des Spaßes am Gärtnern ist das Experimentieren: Warum nicht mal eine ausgefallene Chilisorte anbauen, wie diese scharfe gelbe Sorte 'Fatalii'.

haus aus. Die Pflanzen sind dann zur Pflanzzeit schon größer und können früher im Sommer beerntet werden. Vor allem wenn man Balkon und Terrasse mit Chilipflanzen im Topf schmücken möchte, ist die frühe Aussaat zu empfehlen. Die Keimtemperatur sollte zwischen 22 und 25 °C liegen. Wer die nötige Wärme und Zusatzlicht im Januar nicht bieten kann, kauft später Jungpflanzen zu, die inzwischen auch in Bioqualität angeboten werden.

Zwiebeln werden in der Regel im März/April als Steckzwiebeln ins Freilandbeet gesteckt. Bei besonderen Sorten, wie den großen, milden **Gemüsezwiebeln**, lohnt sich eine Vorkultur im Gewächshaus. Dazu sät man sie von Januar bis März bei Temperaturen von 10–20 °C in Aussaatschalen und pikiert sie nach dem Auflaufen oder dünnt sie aus. Alternativ kann man sie gleich in kleine Töpfe säen. Ins Freilandbeet werden sie dann im April/Mai gepflanzt.

Von Januar bis Mai/Anfang Juni lässt sich **Porree** (zunächst Sommer-, dann Herbst- und schließlich Winterporree) im Gewächshaus für die Pflanzung etwa sechs Wochen später ins Freiland, Frühbeet oder Gewächshaus ab Ende März aussäen (Keimtemperatur 16–20 °C). Der erste Porree kann dann im Juli, der letzte ab Oktober/November geerntet werden.

SONSTIGE GÄRTNERARBEITEN

Eine Schneedecke auf dem Dach wirkt zwar als Isolierung, aber sie hält auch das Licht draußen und kann wegen ihres Gewichtes der Gewächshaus-Eindeckung und der Konstruktion schaden. In der Regel überwiegen die Nachteile und das Gewächshaus sollte freigekehrt werden.

GEWÄCHSHAUS-INSTANDHALTUNG

Warm geheizte Gewächshäuser sollten besonders gut isoliert sein. Schäden an der Eindeckung und undichte Türen und Fensteröffnungen werden sofort repariert. Energie sparen kann man durch nachträgliche Isolierung des Gewächshauses mit Luftpolsternoppenfolie sowie mit der Anbringung eines Energieschirmes › Seite 115 unter dem Dach oder einer Strohabdeckung auf dem Dach die Nacht über.

JANUAR-NOTIZEN

TIPPS FÜR DIE JUNGPFLANZEN-ANZUCHT

Verwenden Sie Aussaaterde, denn die ist gleichmäßig feinkrümelig, hat einen pH-Wert von 5–6 und enthält so gut wie keine gelösten Nährsalze, die den jungen Wurzeln schaden könnten. „Vergraben" Sie die Samen nicht. Nur große Samen wie Bohnen- oder Kürbissamen legen Sie in vorgebohrte Löcher, kleine Samen auf die gerüttelte, leicht angedrückte Erde, drücken sie ebenfalls etwas an und übersieben sie mit Aussaaterde, doppelt so dick wie der Samen dick ist.

FEBRUAR

Nach dem 100-jährigen Kalender beginnt der Februar stürmisch, regnerisch oder es schneit, aber ab dem 20. des Monats geht es mit der Witterung meist aufwärts. Da auch die Tage inzwischen fühlbar länger sind, beginnt vor allem im Gewächshaus und Frühbeet die nächste Gartensaison.

Da der Boden im Gewächshaus und Frühbeet im Gegensatz zum Freiland nicht durch Schneeschmelze oder Regen übernässt und schmierig ist, beginnt man zu Monatsanfang mit den Bodenvorbereitungen und kann dann ab etwa Monatsmitte auch ohne Heizung schon einiges aussäen oder pflanzen.

VORBEREITEN

Viele, die das Gewächshaus über den Winter nicht genutzt haben, haben es bereits im Herbst umgegraben und die Schollen liegen gelassen, damit eine „Frostgare“ entsteht. Vor dem Frühjahrsanbau werden eventuell noch vorhandene Erdbrocken zerschlagen (Motorhacke, Grabgabel, Grubber) und das Beet eingeebnet.

Bodenqualität: Der Boden soll feinkrümelig und humos sein. Das ist nur mit einem intakten Bodenleben zu erreichen.

Wer auf „Schattengare“ setzt, lässt das Bodenwenden und fördert das **Bodenleben** durch ganzjährige Bedeckung mit Pflanzen (Gemüse, Kräuter, Gründüngung) oder Mulch (Stroh, Grasschnitt, gehäckseltes Schnittgut). Gelockert (Grabgabel, Sauzahn, Kultivator) und mechanisch zerkrümelt (Grubber, Sternfräse) wird der Boden nur, wenn er verfestigt ist. Im Gegensatz zur kurzlebigen Frostgare bleibt die Krümelstruktur der Schattengare.

Kurz vor der Pflanzung oder Aussaat wird reifer Gartenkompost, Grüngutkompost oder Terra Preta (besonders zubereiteter Kompost mit Pflanzenkohle) zur Bodenverbesserung verteilt und das Beet eben gerecht. 1–3 Liter Kompost pro m^2 vor jeder Gemüsekultur sind in der Regel ausreichend. Damit ist der voraussichtliche Entzug an Phosphor sowie ein Teil des Stickstoff- und Kalibedarfs der Pflanzen ungefähr gedeckt. Weiterer Stickstoff und Kali wird zusätzlich organisch oder organisch-mineralisch während des Wachstums gedüngt (Detaillierte Düngeempfehlungen im Buch „Gewächshaus und Frühbeet: Erfolgreich nutzen für den eigenen Gemüseanbau“ > Serviceteil Seite 123).

Beim **No-Dig-Verfahren nach Charles Dowding** wird einmal jährlich, am besten im Herbst, eine dicke Schicht Kompost auf jedes Beet gegeben > Seite 51, Unkraut wird gezogen, aber der Boden ansonsten nicht bearbeitet, sondern so, wie er ist, bepflanzt.

TIPP: Im Frühjahr ist unbedeckter Gewächshausboden oft trocken und muss gut gewässert werden – aber nicht zu viel Wasser auf einmal, sondern nach und nach entsprechend seinem Wasserhaltevermögen.

Weniger Unkraut mit der Falsches-Saatbett-Methode
Mit einem Trick werden unerwünschte Beikräuter im Gemüsebeet reduziert: Bereits zwei Wochen vor der Pflanzung richten Sie das Gemüsebeet her und gießen gut an. Das Unkraut beginnt zu keimen. Kurz vor der Gemüsepflanzung, am besten an einem sonnigen Tag, hacken Sie oberflächlich. Weitere Bodenbewegungen sollten Sie nun vermeiden, damit Sie nicht neue schlafende Unkrautsamen nach oben holen.

Wer ein Gewächshaus mit versiegeltem oder ungeeignetem Boden hat, kann in Säcken und anderen Pflanzgefäßen anbauen › Seite 48.

JETZT SÄEN

Je nach Wetterlage und Bodenzustand kann man ab etwa Mitte Februar Gemüse direkt (also ohne vorherige Jungpflanzenanzucht) ins frostfreie Gewächshaus und ab Ende Februar/Anfang März ins ungeheizte Gewächshaus säen – alternativ ins Frühbeet, ins Hochbeet mit Frühbeetaufsatz oder ins Freilandbeet mit Folientunnel oder Vliesschutz.
Es ist wichtig, dass man für den Frühjahrsanbau geeignete Sorten wählt.

Radieschen werden um diese Jahreszeit in Reihen mit einem Abstand von 8 cm und etwa 1–2 cm tief gesät. In der Reihe sollen sie nicht enger als 6 cm voneinander entfernt stehen (Sommersorten bekommen noch jeweils 2–4 cm mehr Platz von Reihe zu Reihe und in der Reihe ebenfalls). Die ersten Radieschen des Jahres benötigen etwa 7–8 Wochen bis zur Erntereife. Zum Sommer hin verkürzt sich die die Kulturdauer nach und nach bis auf etwa 4 Wochen. Geeignete Sorten für den ersten Anbau des Jahres im Gewächshaus sind beispielsweise 'Saxa 3', 'Lucia F1', 'Eiszapfen' und 'Flamboyant'.

Für den Anbau erster kleiner **Rettiche** („Bündelrettich") wird mit einem Reihenabstand von 20 cm und einem Abstand in der Reihe von 15 cm ausgesät. Soll der Rettich größer werden („Stückrettich"), muss man in der Reihe im Abstand von 20 cm säen. Rettichsamen wird „samendick" mit Erde bedeckt.

Spinat wird in Reihen mit 25 cm Abstand etwa 2–3 cm tief gesät. In der Reihe hält man einen Abstand von 4–5 cm ein – falls enger gesät wird, weil man nicht sicher ist, wie gut die Samen vom Vorjahr noch keimen, kann man später ausdünnen. Geeignet für die Aussaat Ende Februar und März sind beispielsweise die Sorten 'Corvair', 'Resistoflay', 'Early 7 Ibrido F1' und 'Emilia F1'. Die meisten Spinat-Frühjahrssorten werden jedoch im März ins Freilandbeet gesät, um den wertvollen Platz im Gewächshaus nicht zu blockieren. Aber auch da kann man das Wachstum mit einer Vliesauflage oder unter einem niedrigen Folientunnel beschleunigen.

Rettiche kann man direkt in den Boden säen. Der Abstand bestimmt, ob aus dem Samen kleine „Bündelrettiche" oder große „Stückrettiche" werden.

Theoretisch lässt sich um die Jahreszeit auch **Feldsalat** (Sorten für den Ganzjahresanbau wie 'Favor' oder 'Gala') aussäen (etwa 1 cm tief, Reihenabstand 10–15 cm), doch die meisten Gärtnernden sind nach dem Winter eher an den vielfältigen Blatt- und Kopfsalatsorten interessiert.

Weitere Gemüse, die Ende des Monats ins Gewächshaus gesät werden können, sind **Rübstiel**, **Salatrauke** und **Winterportulak**.

JETZT PFLANZEN

In den meisten Jahren kann man Ende Februar Jungpflanzen ins ungeheizte Gewächshaus oder Frühbeet pflanzen. Ist es noch sehr kalt, dann wartet man lieber bis Anfang März. Im Gewächshaus mit Frostschutz kann man schon etwa zwei Wochen früher beginnen.

Wer die Möglichkeit zur Jungpflanzenanzucht hat (Anzuchtgewächshaus, große Fensterbank), bevorzugt meist selbst vorgezogene Jungpflanzen, alle anderen können Jungpflanzen beim Gärtner, auf dem Markt und im Gartenfachhandel kaufen.

TIPP: Pflanzen Sie alle zwei Wochen eine kleinere Stückzahl einer Art oder Sorte aus statt einmal eine Riesenmenge. Wer die Jungpflanzenanzucht selbst betreibt, der muss entsprechend rechtzeitig vorher alle zwei Wochen aussäen.

Vorgezogener **Kopfsalat** wird im unbeheizten Gewächshaus mit 25 cm Reihenabstand und einem Abstand von 25 cm in der Reihe gepflanzt. **Kohlrabi**-Jungpflanzen erhalten 30 cm Reihenabstand und in der Reihe 25 cm Abstand.

TIPP: Pflanzen Sie Salat und Kohlrabi hoch: Das Salatherz und die Kohlrabiknolle sollten etwas Abstand zum Boden haben!

Pflanzrettich ist vorgezogener Rettich. Als Pflanzrettich eignen sich nur bestimmte Sorten, beispielsweise die Sorten ‘Rex’ und ‘Münchner weißer Treib- und Setz’. Wichtig ist, dass das Pflanzloch tief genug ist, die Wurzel und einen Großteil des Hypokotyls (das Stück zwischen Keimblättern und Wurzel) gerade aufzunehmen. Der Pflanzabstand sollte 25 × 20 cm betragen. Nach dem Pflanzen gut angießen, danach in den ersten Wochen mäßig gießen.

Schutz vor Eiseskälte
Sind im Gewächshaus tiefe Minustemperaturen zu erwarten, bietet eine Abdeckung der Gemüsebeete mit Vlies oder Folie, nachts eventuell sogar zusätzlich mit Zeitungspapier über dem Vlies und/oder Strohmatten außen auf dem Gewächshausdach zusätzlichen Kälteschutz.

VERFRÜHEN UND TREIBEN

Wer im Herbst **Rhabarber** in einen Kübel gepflanzt hat, um ihn im nächsten Jahr vorzutreiben, holt ihn jetzt im Februar ins Gewächshaus, dort treibt er früher. Mit einer schwarzen Haube lässt sich die Verfrühung noch verstärken – geeignet als Haube ist ein großer Kübel oder eine Folienhaube über einem Gerüst aus Metallbügeln oder Zweigen.

Im Februar gepflanzte Gemüse erhalten in den ersten Wochen im ungeheizten Gewächshaus einen zusätzlichen Kälteschutz.

Im beheizten Gewächshaus oder auf der Fensterbank lässt sich **Schnittlauch** verfrühen > Seite 27.

Wer Ende Mai schon weit ausgebildete **Süßkartoffel**pflanzen (*Ipomoea batatas*) für Garten, Balkon oder Terrasse haben möchte, kann Bioknollen bei Temperaturen von 20–24 °C ab Ende Februar/Anfang März im Warmhaus oder auf einer warmen Fensterbank vortreiben. Dazu werden die Knollen auf feuchte Erde gelegt und zunächst drei Wochen dunkel und dann fünf Wochen hell aufgestellt. Etwa Ende April werden dann Stecklinge genommen und weiterkultiviert, bis die Pflanzen Ende Mai ins Freie dürfen.

PFLEGEN UND ERNTEN

Stehen die Gemüse im Beet, wird nur noch ganz oberflächlich gehackt oder Unkraut von Hand gezogen. Ziel ist es, die Verdunstung nach oben zu unterbrechen, aber keine Unkrautsamen nach oben zu holen. Erst recht will man keine Regenwurmröhren zerstören oder das Bodenleben unnötig durcheinanderwirbeln.

Mit Lüften werden Temperaturschwankungen reduziert und für frische Luft gesorgt. Das hält Feldsalat und Spinat gesund und verhindert die unerwünschte Knollenstreckung von Radieschen. An frostfreien Tagen kann man überwinterten Feldsalat, Spinat und anderes ernten.

Wer Erdbeeren zur Verfrühung oder zum Treiben ins Gewächshaus gebracht hat > Seite 116, sollte die Pflanzen regelmäßig kontrollieren und kranke Blätter entfernen.

JUNGPFLANZENZUCHT

Wer ab Mitte des Monats **Pflanzrettich** ins Gewächshaus auspflanzen möchte, muss ihn etwa 2–3 Wochen vorher im warmen Gewächshaus, beheizten Anzuchtkasten oder auf der hellen, warmen Fensterbank aussäen. Sobald er gekeimt ist und der Abstand zwischen Wurzeln und Keimblättern knapp 6 cm lang ist, wird in einen Rettichtopf (einen etwas höheren Jungpflanzentopf) pikiert oder gleich in den Boden gepflanzt. Auch Radieschen lassen sich vorziehen und später auspflanzen.

Für die Pflanzung ins Gewächshaus im März wird Anfang Februar **Knollenfenchel** ausgesät (tagneutrale Sorten wie ‘Finale’).

Ebenfalls an einem warmen, hellen Platz werden ab Mitte Februar **Auberginen**, **Chili** und **Paprika** ausgesät und bis zur Pflanzung ins Gewächshaus (ab Ende April) herangezogen. Auch die ersten Gemüse für die Pflanzung ab Mitte April mit Vliesschutz ins Freiland sät man ab Mitte Februar aus, beispielsweise frühe Sorten von **Weißkohl**, **Wirsing**, **Blumenkohl**, **Kohlrabi** und **Kopfsalat**.

Rettich wird am besten in etwas tiefere Töpfe pikiert und darin bis zum Auspflanzen an den endgültigen Standort weiterkultiviert.

TIPP: Im Februar können Sie auch **Zitronengras** vorziehen (Keimdauer 2–3 Wochen bei 20–25 °C), das Sie später im Kübel kultivieren und ab Mitte Mai ins Freiland stellen, bevor Sie es im Spätwinter wieder ins Warme holen. **Ingwer** hat einen ähnlichen Rhythmus, wird aber gleich aus Knollen herangezogen. Doch auch Zitronengras können Sie vegetativ (ohne Samen) vermehren, indem Sie den Wurzelstock teilen.

SONSTIGE GÄRTNERARBEITEN

Alle Pflanzen sollten Sie regelmäßig auf Schädlinge und Krankheiten kontrollieren und bei Bedarf gießen und düngen. Tagsüber lüften Sie das frostfreie und das ungeheizte Gewächshaus möglichst viel, solange es draußen frostfrei ist. Warme Gewächshäuser für die Jungpflanzenanzucht und Anzuchtkästen werden nur gelüftet, wenn dadurch die Temperatur nicht unter die Mindesttemperatur der angebauten Gemüse und Kräuter fallen kann.

GEWÄCHSHAUS-INSTANDHALTUNG

Um diese Jahreszeit sollte man das Gewächshaus, vor allem wenn es ein beheiztes Gewächshaus ist, regelmäßig auf Dichtigkeit überprüfen und eventuelle Kältebrücken beseitigen (beispielsweise mit Luftpolsternoppenfolie zusätzlich isolieren), um keine Energie und kein Geld zu verschwenden.

FEBRUAR-NOTIZEN

ZUSATZLICHT

Zusatzlicht stärkt Pflanzen und beschleunigt das Wachstum. Jungpflanzen mit genügend Licht wachsen gerade und haben einen kräftigen Stängel, Jungpflanzen mit Lichtmangel werden lang und können sich kaum aufrecht halten. Die Anschaffung von Lampen mit pflanzengerechtem Licht (beispielsweise LED-Pflanzenlampen) lohnt sich, denn aus kräftigen Jungpflanzen werden später gesunde, schöne „Erntepflanzen".

MÄRZ

Im Märzen der Bauer die Rößlein anspannt: Falls das Wetter Ende Februar noch zu unwirtlich war, werden jetzt im März die Ärmel hochgekrempelt. Im Kalthaus werden unempfindliche Gemüse direkt gesät und gepflanzt, im temperierten Gewächshaus werden Pflanzen verfrüht oder Jungpflanzen aus Samen herangezogen.

In manchen Jahren ist es bereits im Februar möglich, mit der Aussaat oder Bepflanzung der Beete im kalten Gewächshaus zu beginnen, in Jahren mit sehr kaltem Februar wartet man lieber bis Anfang März.

Kohlrabi und Gartensalat können von Ende Februar bis Mitte August ins Gewächshaus gepflanzt werden. Die Sorten müssen zur jeweiligen Jahreszeit passen.

VORBEREITEN

Soweit noch nicht im Februar geschehen, werden jetzt die Beete für die neue Gartensaison vorbereitet und mit den Frühjahrskulturen bestellt. Die Sommergemüse, die wegen der langen Zeit, die sie auf dem Beet stehen, auch Hauptkultur genannt werden, sollten jetzt feststehen: Auf Beete, die Ende April oder im Mai für Sommergemüse wie Tomaten, Paprika, Auberginen und ähnliche vorgesehen sind, sät und pflanzt man Gemüse, die bis dahin erntereif sind und Platz machen (zumindest an den Stellen im Beet, wo die Sommergemüse gepflanzt werden sollen).

Kulturfolgen in einem ungeheizten oder frostfreien Gewächshaus (Beispiele)

FRÜHKULTUR	SOMMERKULTUR	HERBSTKULTUR	WINTERNUTZUNG
Kohlrabi (Pflanz-)	Tomate	Spinat, Feldsalat, Endivie mit Herbsternte	Lager (Kohl, Möhren)
Kopfsalat (Pflanz-)	Stangenbohne	Asiasalat, Spinat oder Feldsalat > Ernte im Folgejahr	
Rettich (Pflanz-)	Chili, Paprika	Spinat > Ernte im Folgejahr	
Radieschen (Sä-)	Gurke oder Melone	Feldsalat > Ernte im Folgejahr	
Rettich (Sä-)	Aubergine	Gründüngung	

JETZT SÄEN

Zu den Gemüsen, die jetzt im ungeheizten Gewächshaus direkt in den Boden gesät werden können und die nach wenigen Wochen erntereif sind, gehören beispielsweise Spinat, Radieschen und Gartenkresse.

Blattsalate können in der zweiten Monatshälfte ebenfalls ohne vorherige Jungpflanzenanzucht direkt in den Gewächshausboden in Rillen gesät werden. Sollen die Pflanzen zu großen Köpfen werden, dann benötigen sie Platz (etwa 25 × 25 cm). Will man sie jung und zart im „Baby-Leaf-Stadium" bei etwa 10 cm Blattgröße ernten, werden sie dicht gesät (etwa 15 x 3 cm).

Salat im Topf
Wer flexibel sein möchte, kann Blattsalat auch in Töpfen oder anderen Pflanzgefäßen anbauen > **Special Seite** 48. Einfach die Samen über die Erde im Topf streuen, anpressen und hauchdünn mit Erde übersieben. Dieser Blattsalat kann viele Male gepflückt oder geschnitten werden, wenn man so schneidet, dass das Herz nicht verletzt wird.

Eine Baby-Leaf-Salatmischung im Topf wird nach der Aussaat an einen Platz mit 12–16 °C gestellt, kann danach ins Gewächshaus, auch wenn es dort etwas wärmer ist, und ab Mitte April ins Freie gestellt werden, falls man den Platz im Gewächshaus anders nutzen will.

Neben den genannten Arten können alle Gemüsearten und -sorten, die jetzt im Freiland gedeihen auch in einem gut lüftbaren, ungeheizten Gewächshaus, im Frühbeetkasten oder unter Vlies und Folie angebaut und verfrüht werden. Ins Gewächshaus sät man allerdings um diese Zeit typische „Freilandgemüse" wie Möhren und Erbsen nur dann, wenn man mit reichlich Platz gesegnet oder ein spezieller Liebhaber dieser Gemüse ist.

JETZT PFLANZEN

In einem ungeheizten oder gerade frostfrei gehaltenen Gewächshaus können weiterhin Salat, Kohlrabi und Rettich gepflanzt werden. Sie benötigen etwa 6–7 Wochen von der Pflanzung bis zur Ernte – abhängig vom Standortklima, Gewächshaustyp, Wetterverlauf und Temperaturführung (Lüftungstemperatur). Details zur Pflanzung finden Sie im Kapitel Februar.

TIPP: Blattsalat können Sie monatelang beernten, wenn Sie regelmäßig, aber immer nur die äußeren Blätter pflücken oder vorsichtig schneiden.

VERFRÜHEN UND TREIBEN

Wer seine Frühkartoffeln vorkeimt, kann früher ernten. Dazu legt man sie fünf Wochen vor dem eigentlichen Legetermin im Freiland (Mitte April) in flachen Kisten oder Eierkartons nebeneinander aus und stellt diese ins geheizte Gewächshaus, optimal sind 12–15 °C. Eine Woche vor dem geplanten Legen im Freilandbeet, beginnt man mit der Abhärtung, indem man sie tagsüber bei frostfreiem Wetter ins kühle Gewächshaus, Frühbeet oder ins Freie stellt. Nach dem Pflanzen ins Beet kann man sie zur weiteren Verfrü-

Radieschen brauchen Platz: empfehlenswerter Reihenabstand um diese Jahreszeit 8 cm, Abstand in der Reihe 6 cm. Dann sind sie nach etwa 4–5 Wochen erntebereit.

Im warmen Gewächshaus vorgekeimte Kartoffeln werden abgehärtet, bevor sie im Freien gelegt werden. Mit einer Vliesabdeckung bis zu den Eisheiligen kann man sie noch weiter verfrühen.

hung mit Vlies abdecken. Nach den Eisheiligen wird der Schutz entfernt. Das Verfahren bringt eine etwa zwei Wochen frühere und bessere Ernte.

PFLEGEN UND ERNTEN

Die neuen Direktaussaaten und Pflanzungen muss man immer **ausreichend gießen**. Das ist nicht nur allgemein für ein gleichmäßiges Auflaufen der Saat wichtig, sondern beugt bei gesätem Spinat dem Schossen (Entwicklung von Blüten statt Blättern) vor. Eine gleichmäßige Wasserversorgung ist auch bei Kohlrabi wichtig, da starke Schwankungen zum Aufplatzen der Knolle führen können.

TIPP: Wie weit die Feuchtigkeit beim Bewässern in den Boden dringt, können Sie durch Aufgraben an einer Stelle oder durch Messungen mittels Feuchtemesser (Tensiometer) für verschiedene Tiefen messen › Special Seite 74.

Sobald die ersten Gemüse zur Verfrühung im Gewächshaus gesät oder gepflanzt wurden, muss man die **Temperatur** immer im Auge haben. Zu viel Hitze lässt beispielsweise Kohlrabiknollen holzig werden. Grundsätzlich können zu tiefe als auch zu hohe Temperaturen sowie extreme Schwankungen Schäden verursachen.

Um zu überwachen, ob die manuelle oder die automatische Lüftung früh genug reagiert, ist ein Minimum-Maximum-Thermometer im Gewächshaus auf der Höhe der Pflanzen zu empfehlen.

Hat man bei der Beetvorbereitung Kompost oder Terra Preta ausgebracht, so hat man ab der Pflanzung etwa 3–4 Wochen Zeit, bevor man das erste Mal düngt und dies in den folgenden Wochen bei Bedarf alle ein bis zwei Wochen wiederholt, abhängig von der Menge und ob der Dünger eine Langzeitwirkung hat oder nicht. Mehr zur Pflanzenernährung im Buch „Gewächshaus und Frühbeet: Erfolgreich nutzen für den eigenen Gemüseanbau“ › Serviceteil Seite 123.

TIPP: Die Düngung hängt vom Nährstoffvorrat im Boden, der angebauten Pflanzenart, von der Anbauweise und auch der Witterung ab. Beobachten Sie, wie Ihre Pflanzen wachsen, „füttern“ Sie sie, wenn sie hungrig sind, und setzen Sie sie auf Diät, wenn sie zu mastig werden.

Beim Anbau nach der No-Dig-Methode wird wegen der anfänglichen extrem hohen und dann jährlichen hohen Kompostgaben in der Regel gar nicht mehr gedüngt › Seite 51.

JUNGPFLANZENANZUCHT

Im warmen Anzuchtgewächshaus oder in einer Anzuchtkabine mit 20–25 °C können ab Anfang März **Auberginen** für die Pflanzung ins Freiland (ab Mitte Mai), ab etwa Mitte März **Chili** und **Paprika** für die Pflanzung ins hochgestellte Frühbeet oder ins Freilandbeet (ab Mitte Mai) ausgesät und herangezogen werden. Etwa ab Mitte des Monats sind **Tomaten**, **Tomatillo** und **Okra** für die Pflanzung ins Gewächshaus (Anfang Mai, Okra erst Mitte Mai) mit der Aussaat dran. Ab Ende des Monats werden **Melonen** für die Pflanzung ins Gewächshaus sowie **Tomaten** und **Tomatillo** für das hochgestellte Frühbeet, Tomatendach oder das Freiland herangezogen.

TIPP: Tomatillofrüchte sind die „Grünen Tomaten Mexikos". Sie passen wunderbar in mexikanische Salsa oder in mediterrane Mischgemüse. Tomatillo-Samen bekommen Sie im Gartenfachhandel.

Schutz durch Veredelung

Wer im Vorjahr Probleme mit bodenbürtigen Krankheiten, Nematoden oder Viruskrankheiten hatte, sollte erwägen, nicht nur Gurken auf Kürbissämlinge, sondern auch Tomaten, Auberginen und Paprika auf eine resistente Unterlage zu veredeln oder sie statt in den gewachsenen Boden in Pflanzbehälter mit frischer Erde zu pflanzen. Im Gartenfachhandel werden Veredelungssets mit den Samen sowie passenden Silikonclips zur Befestigung angeboten.

Etwa Mitte März werden Tomaten ausgesät, sobald sie groß genug sind, einzeln in Töpfe gepflanzt und etwa Anfang Mai ins Gewächshaus gepflanzt.

Sobald die Samen gekeimt sind, sich die ersten Laubblätter zeigen und die kleinen Pflänzchen mit den Fingern gegriffen werden können, werden sie einzeln in Töpfe, Torfquelltöpfe, Erdpresstöpfe und Ähnliches umgesetzt (pikiert). Nach dem Pikieren kann man die Jungpflanzen an einen wenige Grade kühleren Platz stellen.

TIPP: Lassen Sie die Temperatur während der Keimphase der Fruchtgemüse nicht unter 20 °C sinken, später nicht unter 16 °C. Wer die Pflanzenanzucht auf einer kalten Fensterbank betreibt, sollte die Pflanzen vor Zugluft, vor Kälte von unten und ebenso vor praller Sonne schützen.

Wer einen Platz mit 16–20 °C hat, kann ihn jetzt für die Anzucht von **Sommerkohl** nutzen, der dann etwa 5–6 Wochen später ins Freie gepflanzt wird. **Mangold** und **Knollensellerie** kann man bei Temperaturen von 18–20 °C ab Mitte März für die Pflanzung ins Freiland im Mai/Anfang Juni vorziehen.

SONSTIGE GÄRTNERARBEITEN

Im Gewächshaus sollte man regelmäßig prüfen, ob die Bewässerung auch tiefere Schichten erreicht. Der Boden soll nicht nur oberflächlich benässt sein, sondern das Wasser auch bis in die Tiefe dringen – allerdings ohne, dass Nährstoffe ausgewaschen und ins Grundwasser gespült werden.

Ameisen loswerden

Ameisen fressen zwar keine Pflanzenwurzeln, aber bei starker Ameisenaktivität im Boden können die Wurzeln den Bodenkontakt verlieren und vertrocknen. Außerdem halten Ameisen Blattläuse als Melkvieh, weil sie auf deren zuckerhaltige Ausscheidungen versessen sind. Ameisennester wird man leicht los: Einfach einen leeren Blumentopf darüber stülpen. Die Ameisen ziehen samt ihrer Brut in den Topf. Man schiebt ein dünnes Brett unter den Topf und kann sie nun dorthin umsiedeln, wo sie nicht stören. Ameisen in Kübeln kann man mit durchdringendem Gießen vertreiben.

GEWÄCHSHAUS-INSTANDHALTUNG

Ist der Schnee weg und der Frühling in Sicht, können Sie eventuelle Winterschäden/Winterfolgen am, im und um das Gewächshaus herum beseitigen und auch die Regenrinne, falls nötig, reinigen und reparieren.

MÄRZ-NOTIZEN

SCHUTZ VOR SCHÄDLINGEN

Viele Gemüse werden von Gemüsefliegen heimgesucht. Beispiele: Die Larven der Kohlfliegen fressen am Rettich und anderen Kreuzblütlern, die der Rübenfliege minieren in den Blättern von Spinat und Mangold. Gegen Gemüsefliegen und auch Kohlweißlinge sowie andere Schädlinge helfen Gemüseschutznetze (Insektenschutznetze). Bei pfleglichem Umgang kann man sie jahrelang verwenden.

BODENLOS FLEXIBEL

Wer keinen (guten) Boden hat, kann preisgünstig in wiederverwertbaren Pflanzsäcken anbauen.

Kein Boden? Schlechter Boden?

In manchen Gewächshäusern und Wintergärten mit betoniertem, gefliestem oder gepflastertem Boden hat man keinen Zugang zum natürlichen Erdreich. Was tun, wenn man trotzdem Gemüse und Kräuter anbauen will? Kein Problem: Es lässt sich genauso gut in Pflanzgefäßen anbauen. Das ist auch eine praktische Lösung, wenn der gewachsene Boden aus irgendeinem Grund ungeeignet ist, beispielsweise wenn man Probleme im Vorjahr mit bodenbürtigen Krankheiten hatte und/ oder ein ausreichend weiter Fruchtwechsel (in der Regel 3–4 Jahre) nicht eingehalten werden kann.

Anbau in Säcken, Kübeln und Kisten

Zwar lassen sich fast alle Pflanzen ohne Erde in Rinnen oder Hypdroponik/Hydrokultur anbauen (siehe Buch „Gewächshaus und Frühbeet: Erfolgreich nutzen für den eigenen Gemüseanbau"), aber solche erdelosen Kulturverfahren benötigen meist viel Technik wie Pumpen, Steuerungscomputer, Software und digitale Messgeräte und/oder eine besondere Ausstattung wie Rinnen für Hydroponik oder spezielle Hydrokulturgefäße.

Alternativ kann man im Gewächshaus nachträglich ein nach unten geschlossenes erhöhtes Beet (beispielsweise selbstbewässernd als Wicking Bed > Seite 75 oder ein Hochbeet mit Kompostierung im Inneren bauen. Doch wer flexibel bleiben möchte, der baut in mobilen Pflanzgefäßen mit Pflanzenerde an. Geeignete Pflanzgefäße sind Töpfe, Kübel, Pflanzkästen, Schalen, recycelte Holzkisten, upgecycelte Wannen sowie Pflanzsäcke aus unterschiedlichen Materialien.

Die Pflanzerde, mit der man die Behälter füllt, kann gekauft oder selbst gemischt sein. Geeignete Substrate für den Anbau in Gefäßen oder Säcken sind Universalerden oder spezielle Erden für Fruchtgemüse, Kräuter oder was immer man anbauen möchte.

Wer die Umwelt schonen und nachhaltig gärtnern möchte, nimmt torffreie Bio-Erden, wählt Behälter aus Naturstoffen wie Holz oder Terrakotta oder zumindest aus recycelten oder recycelbaren, ungiftigen Materialien. Problematisch sind Plastikarten wie Polyvenylchlorid (PVC), Polycarbonat (PC) und andere Kunststoffe, die Weichmacher (Phthalate im PVC) oder Hartmacher (Bisphenol A in Polycarbonat) enthalten können.

Praxis

Kleinere Töpfe und Schalen stellt man in Regale, um den Platz möglichst gut auszunutzen, größere auf fahrbare Topfuntersetzer, sehr große Behälter in einem größeren Gewächshaus mit breiter Tür auf Paletten, die man mit einem Hubwagen bewegen kann. Pflanzgefäße sollten groß genug sein, dass die Erdmenge darin einen ausreichenden Wasser- und Nährstoffpuffer für das jeweilige Gemüse bietet. Das Gießen kann man sich erleichtern, indem man Gießtrichter einsetzt oder ein Bewässerungssystem mit Tropfschläuchen verlegt.

Wenn man hochwachsende Arten/Sorten wie Gewächshausgurken, Stabtomaten, Auberginen oder Melonen anbauen möchte, muss man sie an Drähten, Schnüren, einem Spalier oder Ähnlichem hochleiten können.

Nach dem Abräumen der Gemüse kann man die Erde aus den Töpfen, Säcken und Kisten im Garten verteilen oder auf den Komposthaufen geben.

Die schnellste Lösung

Am wenigsten Aufwand hat man mit Erdesäcken, so wie man sie im Gartenfachhandel erhält. Man legt sie einfach auf den Boden oder eine Unterlage, dorthin, wo die Pflanzen später stehen sollen, und schlitzt die Säcke an den geplanten Pflanzstellen kreuzförmig gerade soweit auf, dass man in die Öffnung pflanzen und später über den Schlitz auch gießen und düngen (Flüssigdünger) kann.

Die plastikfreie Lösung

Wer Plastik möglichst vermeiden möchte, mischt seine Pflanzerde entweder selbst aus Gartenerde, Garten- oder Grüngutkompost und (je nach Ausgangsgartenerde) Sand und/oder Ton oder kauft sie lose bei einem Erdewerk beziehungsweise beim Bio-Gärtner, wenn man einen in der Nähe hat. In der Gärtnerei oder beim Gärtner auf dem Wochenmarkt kann man auch die Jungpflanzen ganz plastikfrei, also ohne Plastiktöpfe, sondern in Papier eingewickelt, kaufen.

Beim Anbau in Pflanzbehältern kann jede Pflanzenart ihre optimale Erde erhalten. Im Bild: bepflanzte Erdesäcke aus dem Handel.

APRIL

Draußen im Freien blühen die Frühlingsblüher, im Gewächshaus reifen die Frühgemüse heran. Bald können Rettich, Salat und Kohlrabi geerntet werden und es beginnt die Zeit der Fruchtgemüse aus südlichen Gefilden wie Tomaten, Paprika oder Chili, die den Sommer über gepflegt und beerntet werden.

Der April macht zwar oft was er will, aber für Gewächshausgärtner gibt es in diesem Monat jede Menge zu tun. Gut, dass das Gewächshaus die ärgsten Wetterkapriolen abfängt, so kann man sich jetzt schon auf den Sommer einstimmen.

VORBEREITEN

Wer über den Sommer hohe Fruchtgemüse anbauen möchte, prüft Anfang des Monats, ob ausreichend **Stäbe, Schnüre** oder **Spaliere** für Tomaten, Gurken, Paprika, Auberginen und andere vorrätig sind, um notfalls noch einkaufen oder bestellen zu können.

Nach dem Abernten der Frühkulturen werden die Beete für Tomaten, Paprika, Gurken, Bohnen oder anderes vorbereitet. **Umgraben** ist in der Regel nicht notwendig, es reicht, den Boden mit einem Sauzahn oder der Grabgabel zu lockern, falls notwendig mit einem Grubber zu zerkrümeln und mit einem Rechen einzuebnen.

Beete ohne Abräumen

Beim **No-Dig-Verfahren** nach Charles Dowding werden die Beete selten ganz leer geräumt, sondern die nächsten Kulturen zwischen die noch nicht geernteten Pflanzen der vorherigen gesetzt. Der Boden wird in der Regel nicht bearbeitet, um die Bodenlebewesen nicht zu stören, sondern nur Unkraut gezogen.

Falls **Kompost** nicht bereits als Einmalgabe für das ganze Jahr ausgebracht wurde (wie auch beim No-Dig-Verfahren nach Charles Dowding) bringt man nun 1–3 l Kompost/m² für die neue Kultur in die oberste Bodenschicht ein. Kompost wirkt als Futter für das Bodenleben, was sich dadurch vermehrt. Er ist dadurch ein Bodenverbesserer und Nährstoffversorger für die Pflanzen.

JETZT SÄEN

Direkt ins Frühbeet oder in ein ungeheiztes Gewächshauses säen kann man im April beispielsweise Radieschen, Blattsalate, Gartenkresse und andere Kräuter. Sie eignen sich auch sehr gut als Untersaat für Sommerkulturen wie Tomaten, Auberginen, Gurken und andere, sodass der Boden bedeckt und gut durchwurzelt und das Bodenleben gefördert wird.

JETZT PFLANZEN

Tomaten, **Auberginen**, **Paprika** und **Chili** sowie auch **Pepino** (Birnenmelone, *Solanum muricatum*) und **Tomatillo** (*Physalis ixocarpa*) können Mitte des Monats in ein frostfrei geheiztes Gewächshaus, Ende April/Anfang Mai auch ins ungeheizte Gewächshaus gepflanzt werden. Mit den **Gewächshausgurken**, **Kiwano** (Horngurke) und **Luffagurke** wartet man lieber bis in den Mai. Entweder zieht man die Jungpflanzen selbst heran oder man kauft sie beim Gärtner oder im Gartenfachhandel.

Pepino und **Tomatillo** sind köstlich und bringen eine Abwechslung auf den Speiseplan, doch machen es nicht einfacher, eine weite Fruchtfolge einzuhalten, denn sie gehören wie Tomate, Paprika und Aubergine zu den Nachtschattengewächsen.

Möglichst weiter Fruchtwechsel
Auf einer Fläche sollten jedes Jahr andere Pflanzen stehen, zumindest andere Hauptkulturen. Erst nach 3–4 Jahren darf wieder eine Art aus der gleichen Pflanzenfamilie auf das Beet. Wenn man nicht wechseln kann, kann man zwischendrin in Pflanzbehältern oder Erdsäcken anbauen (siehe Special Seite 48), um bodenbürtige Krankheiten zu vermeiden.

TIPP: Wenn Sie im gleichen Gewächshaus Tomaten und Gurken anbauen, planen Sie für die Gurken den wärmeren und für die Tomaten den luftigeren Platz (neben der Tür oder einem Seitenfenster) ein.

Um den Platz im Kleingewächshaus gut auszunutzen, werden hoch wachsende Gemüse wie unbegrenzt wachsende Tomatensorten an geraden Stäben, Spiralstäben, Gerüsten/Spalieren, Spalierdrähten oder Schnüren nach oben geleitet. Manche Gemüse wie Gurken, Pepino (Birnenmelone) oder Auberginen können ein- bis dreitriebig hochgeleitet werden.

Pepinopflanzen möchten Temperaturen zwischen 10 und 28 °C im Gewächshaus. Wie ihre Verwandten, die Tomaten, benötigen sie viel frische Luft.

TIPP: Geben Sie Fruchtgemüsen ausreichend weite Pflanzabstände, damit die Luft auch später gut zwischen den dann ausgewachsenen Pflanzen zirkulieren kann. Bis die Pflanzen ihren endgültigen Platz ausfüllen, bedecken Sie die nackte Erde mit Mulch, Gründüngung oder säen/pflanzen Sie kleinbleibende Gemüse, Kräuter oder Blumen darunter – für die letzte Möglichkeit eignen sich beispielsweise Radieschen, Schnittsalat, Gartenkresse, Basilikum und niedrige Tagetes.

Tomaten im Gewächshaus an Schnüren hochleiten
Will man hochwachsende Tomatensorten („Stabtomaten") an Schnüren hochleiten, benötigt man oberhalb der Pflanzen unter dem Dach eine Anbindemöglichkeit (ein Drahtseil, eine Querstrebe o. Ä.). Die Schnur wird von unten zu diesem Seil geführt. Dazu wird sie entweder unten am Haupttrieb der Tomate so befestigt, dass sich die Schlaufe nicht zuziehen kann, oder man gräbt das unterste Stück mit dem Wurzelballen ein. Oben muss man die Schnur nachlassen können.

An Schnüren aufleiten: Die Schlaufe unten muss weit genug sein, da der Trieb wachsen wird, der Knoten darf sich nicht zuziehen.

Für mittelhoch wachsende Paprika- und Chili-Sorten gibt es Stützringe/Staudenhalter oder es werden weitmaschige (Draht-)Netze gespannt, damit die Pflanzen sicher stehen. Zur Pflege gehört auch, dass welke Blätter regelmäßig entfernt und die Pflanzen nach Bedarf bewässert und gedüngt werden.

VERFRÜHEN UND TREIBEN

Süßkartoffeln sind wärmeliebende Pflanzen, die bei uns erst Ende Mai ins Freie sollten, aber jetzt im Gewächshaus schon vorgetrieben werden können. Wer nicht Ende Februar mit der eigenen Vermehrung aus Knollen begonnen hat, kann bewurzelte Stecklinge im Gartenfachhandel kaufen und sie bei 20–24 °C im Anzuchthaus kultivieren. Mehr zur Süßkartoffel › Link Serviceteil Seite 122.

PFLEGEN UND ERNTEN

Die Temperaturen steigen, rechtzeitiges Lüften sowie das Gießen und Düngen der Pflanzenschützlinge wird immer wichtiger.

Die Frühgemüse werden nun nach und nach erntereif. Bei Rettich und Radieschen zieht man zuerst die größten und lässt die anderen noch etwas wachsen, vor allem, wenn man ein wenig zu dicht gesät hat.

Ab April reifen die Erdbeeren, mit deren Verfrühung man im Dezember begonnen hat › Seite 116.

Tomaten ausgeizen
Tomaten, die hoch wachsen sollen, werden ausgegeizt. Darunter versteht man das Ausbrechen der Seitentriebe, sobald diese mit den Fingern zu fassen sind. Der Haupttrieb wird an einem Stab oder Schnüren hochgeleitet und damit der Platz im Gewächshaus am besten ausgenutzt.

Geiztriebe erscheinen in den Achseln.

JUNGPFLANZENANZUCHT

Etwa Anfang April werden **Gurken**, **Melonen**, **Kiwano** (Horngurke, *Cucumis metuliferus*) und **Luffa** (Schwammkürbis, *Luffa aegyptiaca)* im warmen Gewächshaus bei etwa 25 °C ausgesät und herangezogen, die dann ab Mitte/ Ende Mai in ein ungeheiztes Gewächshaus gepflanzt werden.

TIPP: Werden Gurken und Melonen auf den Feigenblattkürbis veredelt, sind sie weniger kälteempfindlich.

Zeit für Experimente
Kiwano und Luffa gehören wie die Gurke zur Familie der Kürbisgewächse, ihre Bedürfnisse hinsichtlich des Anbaus entsprechen ungefähr denen von Gewächshausgurken. Die **Kiwano** ist nicht nur eine exotische Tischdekoration, ihr geleeartiges Inneres schmeckt fruchtig nach Limonen und Bananen und wird in Süßspeisen verwendet. Die unreif geernteten Früchte von **Luffa** werden wie Zucchini zubereitet, aus den großen reifen Früchten werden Luffaschwämme gewonnen. Die Samen von beiden gibt es im üblichen Gartenfachhandel.

Ab Mitte April sät man Gurken für den Frühbeetkasten (Pflanzung Ende Mai) sowie **Spätkohl**, **Eissalat**, **Pflücksalat** (Pflanzung Ende Mai) und **Kohlrabi**, **Blumenkohl** (Pflanzung Anfang Juni) für das Freiland.

Im April wird auch noch **Okra** (Gemüseeibisch, *Abelmoschus esculentus*) ausgesät (Keimtemperatur 25–30 °C). Die jungen Pflanzen können ab Ende Mai ins ungeheizte Gewächshaus oder an einen sonnig warmen Platz im Freien.

Ende April/Anfang Mai werden **Gartenbohnen**, das sind Buschbohnen oder Stangenbohnen, im warmen Gewächshaus in Töpfen vorgezogen (sechs Samen pro 10 cm Topf, von denen nur die vier schönsten Keimlinge bleiben), damit sie etwas Vorsprung vor denen haben, die ab Mitte Mai oder später direkt an Ort und Stelle im Gewächshaus, Frühbeetkasten oder ins Freiland (besser erst Ende Mai) gesät werden. Als Hülsenfrüchtler sind sie eine willkommene Abwechslung in der Fruchtfolge im Gewächshaus. Im April wird auch **Knollenfenchel** (tagneutrale Sorten) für die Pflanzung Ende Mai ins Freiland ausgesät.

Ende April/Anfang Mai sät man **Zucchini** aus und zieht sie heran, bis sie dann Ende Mai ins Freilandbeet gepflanzt werden.

TIPP: Auch Kürbisse sind frostempfindliche Pflanzen. Ziehen Sie sie deshalb je nach Sorte ab März/April auf der Fensterbank, im Frühbeet oder in einem warmen Gewächshaus vor und pflanzen Sie sie Ende Mai aus. Sie könnten sie zwar ab Mai auch direkt ins Beet im Freien säen, aber das Vorziehen und spätere Auspflanzen (nach den Eisheiligen) ist die sicherere Methode, wenn Sie möglichst große Halloweenkürbisse ernten möchte.

Wer genügend Platz für die Anzucht hat und im Garten **Artischocken** anbauen möchte, kann diese jetzt noch aussäen (einzeln in Töpfe, Aussaattiefe 2 cm, Keimtemperatur: 20–25 °C). Nach den Eisheiligen werden die jungen Pflanzen ins Freiland gesetzt – in warmen Gegenden ins Beet, ansonsten in große Kübel, die man über Winter ins Gewächshaus holt. Aber Achtung: Artischocken benötigen viel Platz (Pflanzenabstand: 100 × 100 cm) und man kann sie erst im Spätsommer des zweiten Jahres ernten.

Zuckermais früher ernten

Um möglichst früh Zuckermais ernten zu können, zieht man ihn ab April bei Temperaturen zwischen 12 und 20 °C vor und pflanzt ihn entweder Mitte Mai in ein Gewächshaus oder Ende Mai ins Freie. Erntereif ist er bei Milchreife, wenn die Körner bei Druck etwas „Milchsaft" freigeben.

Basilikum, Bergbohnenkraut, Oregano, Koriander, Schnittknoblauch und viele andere Kräuter kann man ebenfalls Anfang April bei etwa 18–20 °C vorziehen, nach dem Auflaufen pikieren und ab etwa Mitte Mai ins Gewächshaus oder etwas später ins Freie auspflanzen.

Rotes Basilikum: Basilikum kann man im April vorziehen und später ins Gewächshaus, Frühbeet oder ins Freiland pflanzen.

SONSTIGE GÄRTNERARBEITEN

In manchen Jahren herrscht im April ein paar Wochen lang Hochsommerwetter. Dann wird es in Gewächshäusern mit zu wenigen Lüftungsöffnungen schon so heiß, dass Pflanzenschäden auftreten könnten.

TIPP: Damit es im Gewächshaus bei Schönwetterlagen nicht zu heiß wird: Öffnen Sie bereits morgens bei Sonnenaufgang die Fenster und Lüftungsklappen, schattieren Sie mit einem Schattiergewebe und arbeiten Sie notfalls über Mittag mit Verdunstungskälte (beispielsweise Wege besprühen). Aber Achtung: Zum Abend hin muss die Luft im Gewächshaus wieder trockener werden, damit es bei der nächtlichen Abkühlung nicht zur Taubildung kommt, denn Taubildung fördert Pilzkrankheiten.

Falls man früh gepflanzt hat und es unerwartet noch einmal sehr kalt wird, schützt man die Pflanzen mit Vlies oder deckt das Kleingewächshaus im Notfall nachts mit Strohmatten ab. Wer einen Stromanschluss und einen Frostwächter für das Gewächshaus hat, kann diesen aktivieren.

Bohnen schützen

Bohnenkeimlinge benötigen Schutz. Vögel und Schnecken machen sich gerne über sie her und Bohnenfliegen legen ihre Eier an die Samen, die schlüpfenden Maden bohren Löcher in die Bohnenkeimlinge. Gegen alle drei wirkt ein Gemüseschutznetz. Wegen der Bohnenfliege sollte auf Mist im Beet verzichtet werden und Bohnen nur alle 4 Jahre im gleichen Beet angebaut werden.

GEWÄCHSHAUS-INSTANDHALTUNG

Der Winter ist überstanden. Wenn nötig, werden Dachrinne und Regenrinne gereinigt und sonstige Instandhaltungsarbeiten am Gewächshaus > Seite 95 und 112 durchgeführt. Anfang des Monats werden die automatischen Fensterheber überprüft und eventuell neu eingestellt. Bei Schiebetüren muss die Führungsschiene regelmäßig gereinigt werden.

APRIL-NOTIZEN

ALTERNATIVEN ZU PLASTIKSCHNÜREN

Nachhaltiger als Plastikschnüre zum Anbinden oder Aufleiten sind Schnüre aus kompostierbaren Naturmaterialien wie Jute, Sisal, Hanf, Baumwolle und Schafwolle. Upcycling: Alte T-Shirts, Betttücher und Ähnliches kann man in Streifen schneiden und zum Anbinden verwenden, vorausgesetzt sie sind aus 100 % Baumwolle.

MAI

Alles neu macht der Mai! Wir sind im Vollfrühling und überall blüht und sprießt es. Im Gewächshaus wird jetzt der Sommer eingeleitet: Endlich dürfen die Fruchtgemüse an ihren endgültigen Standort. Zu Anfang brauchen sie hauptsächlich den Schutz vor Kälte, doch bald wird den meisten frische Luft genauso wichtig.

Im Mai ist im Garten viel los, denn viele Pflanzen, die liebevoll im Warmen (Fensterbank, Anzuchtgewächshaus) vorgezogen wurden, dürfen an ihren Endstandort im ungeheizten Gewächshaus, ins Frühbeet und ins Freie gepflanzt werden.

VORBEREITEN

Der Mai ist wegen der Eisheiligen für alle Gärtnernden von großer Bedeutung: Sind sie vorbei, dürfen auch frostempfindliche Arten und Sorten ins Freie gepflanzt oder gestellt werden. Dort werden entsprechend die Beete vorbereitet sowie Kübel, Ampeln und Kästen für die Bepflanzung von Balkon und Terrasse bereitgestellt. Hat man nicht genug Jungpflanzen aus der eigenen Jungpflanzenanzucht, kauft man beim Gärtner Pflanzen zu und lagert sie bis zum Pflanztermin im Gewächshaus oder Frühbeet zwischen.

Die Eisheiligen

Die Eisheiligen sind erfahrungsgemäß die letzten Tage mit Frostgefahr in der Nacht. Die Tage heißen Mamertus (11. Mai), Pankratius (12. Mai), Servatius (13. Mai), Bonifatius (14. Mai) und „kalte Sopie" (15. Mai). Allerdings halten sie ihre Termine nicht immer genau ein. Manchmal kommen sie etwas früher, manchmal auch später – bis zu zwei Wochen –, manchmal bleiben sie auch aus.

JETZT SÄEN

Da in die Gewächshausbeete jetzt meist die Sommerkulturen wie **Tomaten**, **Tomatillo**, **Paprika**, **Stangenbohnen** und Ende des Monats auch **Gurken** gepflanzt werden, bleibt für direkt gesätes Gemüse oft nur der Platz zwischen den Reihen oder in Töpfen und Schalen, die man in Regale stellt. Direkt aussäen kann man jetzt beispielsweise **Bohnen**, **Blattsalate**, **Feldsalat** (ganzjährige Sorten wie 'Gala' oder 'Favor'), **Rettich**, **Gartenkresse** und **Dill**. Wer viel Platz hat, kann auch **Zucchini** und **Kürbisse** direkt aussäen.
Bei der Direktsaat von Blattsalat besteht bei sehr warmem Wetter die Gefahr, dass eine Keimhemmung eintritt. Vermeiden kann man das (außer durch Vorkultur bei 12–16 °C mit anschließender Pflanzung), indem man die Samen vor der Aussaat in ein feuchtes Tuch oder Küchenpapier wickelt und für ein paar Tage in den Kühlschrank legt.

TIPP: Achten Sie darauf, für die Jahreszeit geeignete Sorten zu wählen. Radieschen, die jetzt gesät werden können, sind beispielsweise 'Parat', 'Riesenbutter' und 'Cherry Belle'.

Gemüseschutznetze halten zufliegende Schädlinge ab, beispielsweise Blattläuse, Kohlfliegen sowie Gemüseeulen und andere Falter mit sehr hungrigen Raupen.

JETZT PFLANZEN

Falls noch nicht Ende April geschehen, werden Anfang bis Mitte Mai zunächst **Tomaten**, **Tomatillo**, **Auberginen**, **Paprika**, **Chili** und **Pepino** ins ungeheizte Gewächshaus gepflanzt, ins frostfreie Gewächshaus nur wenige Tage früher. Unter ein Tomatendach („Gewächshaus ohne Seitenwände") oder hochgestelltes Frühbeet pflanzt man erst Mitte Mai.

Tomatillo

Tomatillopflanzen werden ohne „Erziehungsmaßnahmen" 1,50–2 m hoch. Der Standsicherheit zuliebe erhalten sie eine Stütze (Stab, Spalier o. Ä). Aus den gelben Blüten entwickeln sich Früchte mit einer lampionähnlichen Umhüllung. Die Pflanzen benötigen viel Wasser und Nährstoffe, sind ansonsten aber nicht pflegeaufwendig. Tomatillosamen gibt es im Gartenfachhandel.

Tomaten werden meist im Abstand von 60 × 80 cm, Auberginen und Tomatillo im Abstand von etwa 80 × 80 cm und Paprika im Abstand von 50 × 60 cm gepflanzt.

TIPP: Pflanzen Sie Tomatillojungpflanzen ins Gewächshausbeet oder in große Kübel, die sie ins Gewächshaus oder an einen sonnigen, geschützten Platz im Freien stellen.

Unveredelte Gewächshausgurken, Melonen, **Kiwano** und **Luffagurken** werden frühestens Mitte Mai oder später ins ungeheizte Gewächshaus gepflanzt, abhängig davon wie die Wetteraussichten für die Region sind. Das Gleiche gilt für **Basilikum**.

Gewächshausgurken sind sehr kälteempfindlich. Temperaturen unter 14 °C können bei manchen Gewächshausgurkensorten Wachstumsstörungen auslösen. Für die Blütenbildung sind 15 °C tagsüber und nachts notwendig. Fällt die Temperatur auf 5 °C, erleiden manche Gurkensorten einen Kälteschaden, von dem sie sich nicht mehr erholen.

Da Größe, Wuchsform und damit auch der Platzbedarf der verschiedenen Fruchtgemüse sehr von der Sorte abhängen, sollte man sich im Zweifelsfall nach der Empfehlung des Züchters auf der Samenpackung oder dem Pflanzenetikett richten.

Nicht nur ins Freie, sondern auch ins Gewächshaus oder ins Frühbeet kann man weiterhin Kopfsalat, Eissalat, Blattsalate, Kohlrabi, Knollenfenchel und anderes pflanzen.

Pepino

Pepinojungpflanzen aus Stecklingen erhält man im April in Raritätengärtnereien, diese fruchten schneller als aus Samen gezogene Pflanzen. Man kann Pepino als Ampelpflanze, als Busch im Beet oder im Kübel kultivieren. Im Gewächshaus kann man ein bis drei Triebe an Schnüren nach oben leiten. Von der Blüte bis zur Fruchtreife dauert es etwa 3 Monate. Die Früchte sind erntereif, wenn sie einen leichten Duft verströmen. Ihr Geschmack erinnert an Melonen. Sie werden ohne Schale verzehrt und passen in Obstsalat, gefüllte Crêpes, Smoothies, Overnight Oats und süß-pikante Kombinationen (beispielsweise als Vorspeise mit Parmaschinken).

PFLEGEN UND ERNTEN

Ab der Pflanzung wird regelmäßig und bedarfsgerecht **bewässert** und **gedüngt**. Hacken sollte man nur sehr nah an der Oberfläche, damit die Feuchtigkeit im Boden erhalten bleibt und Unkrautsamen nicht nach oben geholt werden.

Zum **Mulchen** im Gemüsebeet eignen sich organische Materialien wie zerkleinerte Pflanzenreste (beispielsweise von der Gründüngung), Kompost und Ähnliches mehr. Mulch unterdrückt Unkraut, hält den Boden feucht und gleicht Schwankungen der Bodentemperatur aus. Die organischen Mulchmaterialien „füttern" zudem das Bodenleben und tragen zum Humusaufbau im Boden bei. Vor dem Mulchen wird gedüngt und gegossen. Bei „braunen" (stickstoffarmen) Mulchmaterialien (Stroh, Holzhäcksel) sollte man zusätzlichen Stickstoffbedarf einplanen (kann man als Hornspäne geben).

Die Larven von Florfliegen sind nicht sehr wählerisch: Ihnen schmecken Blattläuse, Thripse, Spinnmilben und kleine Raupen.

Tomatenpflanze mit Früchten.

TIPP: Im Handel werden auch Mulchfolie und Mulchvlies angeboten, die ebenfalls das Unkraut am Keimen hindern, aber natürlich Geld kosten. Und wer, wo immer möglich, Plastik einsparen möchte, bevorzugt zur Bodenbedeckung organische, verrottbare oder andere natürliche Materialien oder „mulcht“ mit lebenden Pflanzen (Untersaaten, Gründüngung), was den wünschenswerten Humusaufbau im Boden fördert › Seite 105.

Hochwachsende **Tomaten** werden weiterhin regelmäßig ausgegeizt (unerwünschte Nebentriebe entfernt) und aufgeleitet.

Fruchtansatz bei Tomaten
Damit die Bestäubung der Tomatenblüten funktioniert, d. h. der Pollen auf der Narbe für eine Befruchtung sorgt, sollte die Luftfeuchtigkeit im Gewächshaus nicht über 80 % steigen und die Temperatur nicht unter 10 °C fallen. Fehlen Luftbewegung und Insekten, durch die der Pollen auf die Narbe gelangen kann, wird alle zwei Tage mit vorsichtigem Rütteln an den Trieben oder einem Pinsel nachgeholfen. Die beste Tageszeit ist der späte Vormittag.

Von den aufgeleiteten **Gurken** werden die ersten Früchte so früh wie möglich entfernt. Erst wenn die Pflanzen 60–80 cm hoch sind, lässt man am Haupttrieb vier bis sechs Gurken und Seitentriebe stehen.
Bei **Gemüsepaprika** wird die erste Blüte, die Königsblüte, entfernt. Die Pflanzen wachsen dann stärker und bilden mehr Blüten und damit auch Früchte. Bei Chili ist das nicht notwendig.

Lüften ist – neben einem ausreichend weiten Pflanzabstand – die wichtigste Maßnahme zur Vorbeugung gegen viele Pilzkrankheiten.

JUNGPFLANZENANZUCHT

Jetzt wird **Basilikum** im Anzuchtgewächshaus in Töpfen ausgesät (Keimtemperatur 18–25 °C), ab Mitte Mai kann es ins ungeheizte Gewächshaus oder Ende Mai/Anfang Juni ins Freie gepflanzt oder gestellt werden.

Auch **Stangenbohnen** mögen es warm. Man kann sie zwar nach den Eisheiligen in der zweiten Maihälfte oder erst im Juni ins Freilandbeet/Kübel auf dem Balkon säen, aber wenn man sie ab Anfang Mai im frostfreien Gewächshaus vorzieht (ca. vier Samen pro Topf) und dann Ende Mai auspflanzt, haben sie etwas Vorsprung und werden ziemlich sicher nicht vom Frost erwischt, auch wenn sich die Eisheiligen manchmal nicht genau an ihre Termine halten.

TIPP: Wenn die Triebe der Stangenbohnen nicht gleich den Weg zur Stange oder zum Spalier finden, geben Sie ihnen Hilfestellung und wickeln Sie sie entgegen dem Uhrzeigersinn um die Stütze.

Wer im Juni **Kopfsalat**, **Eissalat** oder **Knollenfenchel** ins Freie oder ins gut gelüftete Frühbeet oder Gewächshaus pflanzen möchte, beginnt Anfang Mai mit der Jungpflanzenanzucht. Eine geeignete Kopfsalatsorte ist beispielsweise die Sorte 'Dynamite', eine geeignete Eissalatsorte ist die Sorte 'Match'. Bei Knollenfenchel wählt man nach wie vor tagneutrale Sorten wie 'Zefa Fino', 'Fino' oder 'Finale'.

Ende des Monats/Anfang nächsten Monats verlassen auch **Gewächshausgurken**, **Melonen**, **Kiwano** und **Luffa** das Anzuchtgewächshaus und werden ins ungeheizte Gewächshaus gepflanzt, **Zucchini** erhalten einen warmen Platz im Freien oder werden ebenfalls ins ungeheizte Gewächshaus gepflanzt, falls man den Platz hat (Pflanzenabstand 80 × 100 cm).

Wenn nicht nur ein bis drei Triebe zum Dach aufgeleitet werden sowie bei mittelhohen, buschig wachsenden Gemüsesorten, kann man die Pflanzen mit Staudenhaltern oder gespannten Drähten/Netzen stützen.

TIPP: Denken Sie schon ab Mai an die Herbst- und Wintergemüse. Ab Anfang des Monats kann Grünkohl ausgesät werden, damit er im Juni ins Freiland kann. Geerntet wird dann ab Oktober. Auch Winterporree für die Pflanzung im Juli wird im Mai im Anzuchthaus ausgesät.

SONSTIGE GÄRTNERARBEITEN

Alle frostempfindlichen Gemüsearten und Kräuter dürfen ab der zweiten Maihälfte ins Freie gepflanzt oder samt ihrer Kübel hinausgestellt werden (Basilikum, Zitronengras, Ingwer und andere).

Gemüse und Kräuter sind überwiegend lichthungrig und vertragen Sonne. Frisch ins Gewächshaus gepflanzte Jungpflanzen sollte man an heißen, sonnigen Tagen allerdings vorübergehend durch ein über das Gewächshaus gelegtes Schattiergewebe schützen. Auch wenn das Gewächshaus mit zu wenig Lüftungsöffnungen ausgestattet ist, hilft Schattieren bei der Temperaturregelung.

TIPP: Eine preisgünstige Schattiermöglichkeit ist der Anstrich mit einer Mischung aus Mehl und Wasser. Der Regen wäscht diesen Anstrich nach und nach ab, die letzten Reste können vor dem Herbst mit warmem Wasser entfernt werden.

Chicorée jetzt für die Wintertreiberei aussäen

Chicorée wird im Winter aus Rüben getrieben, das geht im Gewächshaus, aber auch in einem warmen Keller, da zur Chicoréetreiberei selbst kein Licht gebraucht wird. Um diese Rüben dann zur Verfügung zu haben, wird Chicorée zwischen dem 15. und 25. Mai ins **Freiland** ausgesät. Der Reihenabstand sollte 35–40 cm betragen. In der Reihe wird auf 8 cm vereinzelt, damit die Rüben einen Durchmesser von 3–7 cm bekommen. Von der Aussaat bis zur Ernte der Rüben dauert es 18–20 Wochen. Die Rüben gräbt man zur Erntezeit im September/Oktober samt Laub mithilfe einer Grabgabel aus und lagert sie an einem schattigen, kühlen Platz auf einem Haufen. Rüben unter 3 und über 10 cm werden aussortiert. Nach ein paar Tagen wird das Laub auf etwa 3 bis 4 cm oberhalb der Rübe gekürzt. Optimal für die Lagerung der Rüben bis zur Treiberei sind 1–3 °C.

GEWÄCHSHAUS-INSTANDHALTUNG

Automatische Lüftungseinrichtungen sowie die Scharniere von Fenstern und Türen sollte man regelmäßig schmieren oder ölen.

MAI-NOTIZEN

GESUNDE TOMATEN

Kraut- und Braunfäule (*Phytophtora infestans*) ist nicht nur an Tomaten im Freiland ein Problem, sondern überall, wo sich die Sporen dieser Pilzkrankheit auf feuchten Blättern ansiedeln können. Es gilt daher im Gewächshaus, Spritzwasser, Bewässerung über die Blätter, Regeneintrag durch Wind sowie die Taubildung in der Nacht (passiert bei sehr feuchter Luft und fallenden Temperaturen) zu verhindern.

JUNI

Mit der Holunderblüte beginnt nach dem phänologischen Kalender der Frühsommer. Gemüse und Kräuter wachsen rasant. Sie benötigen daher Wasser und Nährstoffe. Fruchtgemüse erhalten spezielle Pflege, damit aus den Blüten auch viele, gesunde Früchte werden. Es gibt viel zu tun, aber einiges davon kann man sich erleichtern.

Das richtige Händchen beim Düngen ist wichtig für den Gemüsegärtner, gerade im Juni muss der Nährstoffbedarf optimal gedeckt sein. Zuviel ist oftmals auch nicht gut, so gilt es wachsam zu sein und das Wachstum und die Fruchtbildung der Pflanzen gut im Auge zu behalten.

VORBEREITEN

Wer sich die Bewässerung erleichtern und gleichzeitig Wasser sparen möchte, verlegt ein Tropfbewässerungssystem. Für die großen Fruchtgemüse eignen sich beispielsweise Kapillarschlauchsysteme (Zuleitungsrohre von denen Spaghetti-Verteilschläuche abzweigen), für Gemüse und Kräuter in Reihen Einrohrsysteme mit Wasseraustrittsöffnungen und für Pflanzen in Kübeln, Säcken und Kisten Verteilschlauchsysteme mit einem Feuchtefühler an jeder Tropfstelle. Mehr zu Bewässerungstechnik im Buch „Das Kleingewächshaus: Technik und Nutzung“.

TIPP: In manchen Jahren kommt es um den 11. Juni herum zu einem vorrübergehenden Temperatursturz. Diese Schafskälte gibt es besonders häufig im Alpenraum. Gefährdet sind vor allem sehr wärmebedürftige Pflanzen wie Gewächshausgurken und eventuell Basilikum. Achten Sie auf die Wettervorhersage und haben Sie einen Kälteschutz (Vlies) einsatzbereit.

Wenn man unter Tomaten andere Gemüse oder Blumen sät oder pflanzt, muss man deren Nährstoffbedarf bei der Düngung berücksichtigen.

JETZT SÄEN

Direkt ins Beet eines gut gelüfteten Gewächshauses und in den Frühbeetkasten können jetzt Bohnen, Blattsalate, Radieschen, Rettich und anderes gesät werden, die niedrigen Arten beispielsweise als Untersaat unter hochgeleiteten Tomaten oder Gurken. Wichtig ist es, Sorten für den Sommer zu wählen.

Säen oder Pflanzen?

Direkt gesäte Gemüse wachsen nicht nur schneller als gepflanzte, sondern sind wegen der stärkeren Wurzelausbildung besser vor Trockenheit geschützt. Bei Problemen mit Nacktschnecken im Gewächshaus oder Frühbeet haben vorgezogene Jungpflanzen einen kleinen Vorteil, aber sie sind alles andere als sicher. Bekämpfungsstrategie > **Seite 72**.

JETZT PFLANZEN

Im Juni kann man immer noch Tomaten, Gurken und andere Fruchtgemüse ins Gewächshaus pflanzen. Kopfsalat, Eissalat, Blattsalate, Kräuter, Knollenfenchel, Porree und andere kann man nicht nur ins Freie, sondern auch ins gut gelüftete Gewächshaus, beispielsweise als Unterpflanzung, oder ins Frühbeet setzen.

PFLEGEN UND ERNTEN

Hochwachsende Fruchtgemüse wie Tomaten, Pepino, Stangenbohnen und andere werden weiterhin an ihren Stützen oder Schnüren hochgeleitet, Stabtomaten nach wie vor regelmäßig ausgegeizt.

Gurken ohne Bitterstoffe

Wenn Gurken gestresst werden, dann zeigen sie uns ihre bittere Seite, die eigentlich weggezüchtet wurde. Was Gurken zu schaffen macht und was man deshalb nach Möglichkeit vermeiden sollte:

- Starke Temperaturschwankungen
- Wassermangel
- Schlechtwetterperioden
- Überdüngung mit Stickstoff
- Befall mit Schädlingen

Vor allem bei heißem Wetter muss man sicherstellen, dass die Wasserversorgung der Fruchtgemüse kontinuierlich ist. Wassermangel führt dazu, dass nicht genug Kalzium zu den Früchten transportiert wird, was dann beispielsweise bei Tomaten zur Blütenendfäule führen kann. Mehr zum Thema Wasserversorgung > Special Seite 74.

Je nach Art, Sorte und Anzucht tragen **Paprika** und **Chilis** bereits Ende Juni Früchte. Die kann man auch vor dem Farbumschlag, also

Die Früchte der Tomatillo sind in einer lampionähnlichen Umhüllung, die später aufreißt und die grünen oder violettfarbenen Früchte freigibt. Sie haben ein säuerlich würziges Aroma und sind reich an Mineralstoffen und Vitaminen.

Stangenbohnen kann man je nach Aussaatzeitpunkt ab Juni ernten. Übrigens: Blaue Bohnen werden beim Kochen grün.

grün, ernten und zubereiten. Ihr Geschmack ist dann „grasiger", was bei manchen Gerichten geschätzt wird, und sie sind länger lagerbar. Aber den schönen fruchtigen Geschmack entwickeln sie erst nach dem Farbumschlag.

Basilikum für die Küche erntet man, indem man die Spitzen der Triebe abzwickt, dann verzweigt sich die Pflanze und wird ein kompakterer Busch.

Alle Pflanzen im Gewächshaus müssen regelmäßig kritisch begutachtet werden. Dabei sollte man die einzelnen Pflanzen von oben bis unten prüfen und auch auf die Blattunterseiten schauen. Sind die unteren Blätter gelb und wächst die Pflanze langsam, kann dies ein Hinweis auf Stickstoff- oder allgemeinen Nährstoffmangel sein. Nährstoffmangel kann zu schwachem Wuchs und schlechten Ernten führen. Einen Mangel kann man mit Düngergaben ausgleichen. Sind die Pflanzen dagegen dunkelgrün und die oberen Blätter eingerollt, hat man eventuell zu viel gedüngt und sollte den Pflanzen eine Diät verordnen, beispielsweise nicht mehr düngen und eventuell etwas untersäen, was einen Teil der Nährstoffe aus dem Boden aufnimmt. Auch

Mulchen mit Staudenhäcksel, Stroh und anderen „braunen" organischen Stoffen bindet Nährstoffe, weil sich die Mikroorganismen vermehren, um das Material zu zersetzen und in Humus umzuwandeln, und dazu Stickstoff benötigen.

Entdeckt man braune Blätter – vor allem im unteren Bereich –, werden diese entfernt. So wird der Pflanzenbestand auch besser belüftet.

Werden Schädlinge wie Spinnmilben, Weiße Fliege oder Blattläuse gefunden, sollte man etwas dagegen tun, bevor sie sich stark ausbreiten. Eine Möglichkeit ist die biologische Schädlingsbekämpfung. Dazu werden Nützlinge (natürliche Gegenspieler dieser Schädlinge) im Gewächshaus ausgebracht.

Pflanzenschädlinge mit Nützlingen kontrollieren

Blattläuse, Weiße Fliege, Thripse und Spinnmilben sind die häufigsten Schädlinge an den Sommergemüsen im Gewächshaus. Jeder dieser Schädlinge kann bei extremer Vermehrung zu einem Totalausfall führen, wenn es keine natürlichen Gegenspieler gibt und keine Gegenmaßnahmen ergriffen werden. Wenn die natürlichen Feinde hinterherhinken, kann man bei Nützlingsproduzenten die passenden gezüchteten Nützlinge oder im Gartenfachhandel Gutscheine dafür kaufen:

- Raubmilben (*Phytoseiulus persimilis*) gegen Spinnmilben
- Schlupfwespen (*Encarsia formosa*) gegen Weiße Fliege
- Schlupfwespen (*Aphidius colemani*), Gallmücken u. a. gegen Blattläuse
- Raubmilben (*Amblyseius*) gegen Thripse

Okrafrüchte werden grün und unreif geerntet, das sollte etwa ab Ende Juli/im August der Fall sein, je nachdem, wann man mit der Anzucht begonnen hat.

Dadurch, dass man nicht spritzt, haben auch die natürlichen Feinde, die von draußen zufliegen wie Marienkäfer, Florfliegen, Schlupfwespen, räuberische Blumenwanzen und andere die Chance, sich zu vermehren und bei der Bekämpfung zu helfen. Sollte man den richtigen Zeitpunkt für den Nützlingseinsatz verpasst haben und die Schädlinge haben sich schon stark vermehrt, dann helfen nur noch möglichst nützlings- und umweltverträgliche Pflanzenschutzmittel, beispielsweise auf Kaliseife-Basis, die man mehrmals hintereinander im Abstand von wenigen Tagen nach Anleitung spritzt. Zwar werden selbst bei Kaliseife-Spritzung einige Nützlinge getötet – das passiert auch bei einer Spritzung mit reinem Wasser – aber neu zuwandernde Nützlinge sind keiner Langzeitwirkung durch Gift ausgesetzt.

JUNGPFLANZENANZUCHT

Als gärtnernder Mensch muss man immer ein wenig vorausdenken. Will man im September/Oktober **Endivien** (Spätsommersalat der Gattung *Cichorium*) im Freien ernten können, muss man sie ab Mitte Juni für die Freilandpflanzung im Juli aussäen.
Kopfsalat, Eissalat und **Knollenfenchel** werden weiterhin für Freiland, Frühbeetkasten oder Gewächshaus vorgezogen. Die letzten Sätze sollten bis etwa Mitte August gepflanzt und vor den ersten Frösten abgeerntet sein.

Kopfsalat, Eissalat, Schnittsalat, Pflücksalat?

Kopfsalat (Buttersalat) ist ein Gartensalat (*Lactuca sativa*), der einen festen Kopf bildet, den man auch nur als ganzen Kopf ernten kann. Der Eissalat ist die knackige Version (Crisphead Group) davon. Bei Schnittsalat und Pflücksalat (Blattsalate) sitzen die Blätter lockerer beieinander. Dennoch wird der Schnittsalat auf einmal, sprich mit einem Schnitt, geerntet. Der Pflücksalat wird dagegen nach und nach gepflückt oder geschnitten, immer nur die äußeren Blätter – wenn man regelmäßig erntet und das Herz unverletzt lässt, kann man monatelang frische Salatblätter ernten, ohne neu säen oder pflanzen zu müssen. Der Bataviasalat, der Vorläufer des Eissalates, bildet keinen festen Kopf und kann als Schnitt- oder Pflücksalat geerntet werden, ebenso die Eichblattsalatsorten.

SONSTIGE GÄRTNERARBEITEN

Gemüse benötigen viel Licht. Nur wenn man bei Mittagshitze pflanzen muss, die Pflanzen bisher bei wenig Licht standen oder sehr empfindlich gegen Lufttrockenheit sind, tut man ihnen mit einer Schattierung etwas Gutes. Allerdings kann Schattieren eine hilfreiche Maßnahme sein, wenn man die Temperatur nicht mehr alleine mit Lüften im pflanzenverträglichen Bereich

Kiwanos werden wie Gewächshausgurken angebaut. Reif sind sie nach dem Farbumschlag von Grün nach Orange.

halten kann, beispielsweise wenn die Lüftungsöffnungen zu klein sind. Zur Schattierung kann man Schattiermatten außen auflegen oder innen mittels Vorrichtung zuziehen (diese kann man im Winter mit anderem Material auch als Energieschirm zur Energieeinsparung verwenden). Aber man muss gar nicht groß Geld investieren: „Quick und dirty" ist ein Anstrich der Glaseindeckung mit Schattierfarbe aus Schlämmkreide und Wasser oder aus Weizenmehl und Wasser, der später vom Regen oder mit dem Schlauch abgewaschen wird. Ansprechender sieht die Schattierung mit einem grünen Schattiergewebe aus, das außen auf das Dach gelegt wird.

Schnecken loswerden

Auch im Gewächshaus und Frühbeet können Nacktschnecken zum Problem werden. Man bekämpft sie am besten mit folgender Kombination:

- Abfangen der bereits vorhandenen Schnecken (Bretter, Platten u. a. auslegen und Schnecken täglich darunter absammeln, bis alle weg sind, und/oder Bierfallen aufstellen).
- Gleichzeitig die Zuwanderung neuer Schnecken verhindern (Schneckenzaun, Schutzanstrich, Kupferband o. a. um Frühbeet beziehungsweise am unteren Rahmen der Gewächshaustüren).

JUNI-NOTIZEN

GURKENERZIEHUNG

Von **Gurken** werden die ersten Früchte so früh wie möglich entfernt. Erst wenn die Pflanzen 60–80 cm hoch sind, lässt man am Haupttrieb vier bis sechs Gurken und Seitentriebe stehen. Die verbliebenen Seitentriebe kürzt man jeweils nach dem ersten oder zweiten Fruchtansatz ein. In jeder Blattachsel wird nur eine Frucht belassen. Bei Erreichen des Dachfirstes werden die Pflanzen gekappt. Kulturanleitungen in den Büchern „Das Kleingewächshaus: Technik und Nutzung“ und „Gewächshaus und Frühbeet: erfolgreich nutzen für den eigenen Gemüseanbau“.

WASSERVERSORGUNG

Von der Wasserversorgung hängt es ab, ob und wie gesund Gemüse und Kräuter wachsen und wie die Ernte ausfällt. Auf unterschiedlichen Böden muss man unterschiedlich gießen. Böden mit einem Ton- und/oder Humusanteil haben ein besseres Wasserhaltevermögen als Sandböden. Deshalb kann man tonhaltige oder humose Böden seltener, aber durchdringend gießen, während man bei Sandböden öfter kleine Mengen gießen muss.

Wasser sparen

Gießen lässt sich im Gewächshaus und Frühbeet mit Leitungswasser, Brunnenwasser – wenn man glücklicher Besitzer eines Brunnens ist – und/oder aufgefangenem Regenwasser.

Wasser sparen lässt sich durch den Anbau anspruchsloser, trockenheitsverträglicher Arten, beispielsweise Gewürze wie Oregano, Salbei, Thymian und Lavendel sowie Gemüsearten und Sorten, die sich im Mittelmeerraum, Südkalifornien und an anderen trockenen Standorten bewährt haben. Anbauverfahren, die den Wasserverlust durch Verdunsten reduzieren, sind ebenfalls sehr hilfreich, beispielsweise die permanente Bodenbedeckung durch Gemüse und Kräuter, Gründüngung oder Mulchmaterialien (Grüngut-Mischung, Stroh etc.).

Regenwasser sammeln

Der Klimawandel bringt uns längere Trockenphasen und mehr Wetterextreme: Phasenweise dörrt der Garten aus, dann wiederum wird er überschwemmt. Das Gewächshaus ist insofern betroffen, dass Wasser immer kostbarer wird. Dem Sammeln und Lagern von Regenwasser in Regentonnen, Tanks, Zisternen und Ähnlichem wird immer mehr Bedeutung zukommen, um die Wasserversorgung, nicht nur des Gartens, zu sichern und Wasserkosten zu sparen.

Gießen und Gewächshausklima

Nach Möglichkeit gießt man nicht über die Pflanzen, sondern in den Wurzelbereich. Hilf-

Regenwasser aufzufangen, hilft die Wasserversorgung zu sichern und Wasserkosten zu sparen.

Ein Hochbeet lässt sich in ein Wicking Bed verwandeln, indem man es mit Teichfolie auslegt und wie beschrieben füllt. Ablauf nicht vergessen.

reich sind drucklose Tropfbewässerungen, entweder mit Tropfern am Hauptschlauch oder mithilfe von Spaghettischläuchen vom Hauptschlauch zum Wurzelbereich – beide sparen Wasser und sorgen für ein trockenes Klima, welches für die meisten Pflanzen (außer Tropenpflanzen) gut ist, weil sie dann weniger von Krankheiten befallen werden. Wichtig ist in dieser Hinsicht auch das rechtzeitige Lüften – es sollte sich niemals Tauwasser auf den Blättern bilden können – denn viele Krankheiten wie die gefürchtete Kraut- und Braunfäule können sich nur auf nassen Blättern ansiedeln und die Tomaten (oder Kartoffeln) befallen. Diese Bewässerungssysteme kann man auch automatisieren, indem man den Wasserhahn nicht von Hand auf- und zudreht, sondern die Bewässerung über eine Zeitschaltuhr, einen Bewässerungscomputer, Feuchtefühler/Feuchteschalter oder Kombinationen davon steuern beziehungsweise regeln lässt (mehr dazu im Buch „Das Kleingewächshaus: Technik und Nutzung").

Wicking Beds

Wicking Beds sind nach unten geschlossene, sich selbst bewässernde Beete. Sie funktionieren im Grunde wie Blumenkästen mit Wasserreservoir. Im oberen Teil eines geschlossenen Pflanzbehälters befinden sich das Substrat (die Pflanzerde) mit den darin wachsenden Pflanzen, eine Ebene darunter klar abgetrennt der Wasserspeicher. Die automatische Wasserzufuhr nach oben erfolgt beispielsweise über Dochte aus Stoff.

Beim Wicking Bed befindet sich das Wasser im unteren Teil der Wanne in einer Schicht aus Steinen. Auf den Steinen liegt eine Gewebematte und darauf wird das Substrat gegeben, in das gepflanzt wird. Wasser kann über einen Einfüllstutzen nachgefüllt werden. Auf der Höhe der Gewebematte gibt es außerdem einen Überlauf, damit das Beet nicht zum Teich werden kann. Der Vorteil eines Wicking Bed ist, dass man selten gießen muss und dass man es auch da aufstellen kann, wo man keinen Boden hat. Allerdings hat man einen hohen Materialaufwand und es besteht die Gefahr der Vernässung im unteren Substratbereich.

JULI

Der Hochsommer ist da. Die Pflanzen im Gewächshaus müssen vor zu viel Hitze und Bodentrockenheit geschützt werden. Salat, Kohlrabi, Bohnen, Zucchini, erste Tomaten und vieles mehr kommt nun aus eigener Ernte frisch auf den Tisch. Und es wird weiter gesät und gepflanzt.

Die meisten Pflanzen im Gewächshaus und Frühbeet befinden sich nun in der Hauptwachstumszeit und müssen ausreichend gewässert und bei Bedarf gedüngt werden.

VORBEREITEN

Spätestens jetzt zeigt sich, ob das Gewächshaus ausreichend Lüftungsöffnungen hat, denn die Temperatur sollte möglichst nicht über 30 °C oder zumindest nicht wesentlich über der Außentemperatur liegen. Für den Notfall sollte man Schattiermatten bereitlegen. Um die Wasserverdunstung aus dem Boden zu verringern, ist eine ständige Bodenbedeckung mit lebenden Pflanzen oder Mulch (beispielsweise ein Gemisch aus Rasenschnitt und gehäckselten Gartenabfällen) zu empfehlen.

JETZT SÄEN

Direkt ins Beet eines gut gelüfteten Gewächshauses oder Frühbeetkastens können jetzt beispielsweise Rettich, Radieschen, Chinakohl und späte Buschbohnen gesät werden.

Wer schon im September Feldsalat ernten möchte, muss diesen bereits im Juli aussäen, für die Jahreszeit geeignet ist beispielsweise die Sorte 'Juwallon'.

Scharfe Radieschen

Der angenehm scharfe Radieschengeschmack stammt von enthaltenen Senfölen. Doch manchmal sind sie einfach zu scharf. Schuld sind Bodentrockenheit und Hitze während der Kultur. Die Radieschenknollen enthalten dann weniger Wasser und das Senföl ist stark konzentriert. Vermeiden lässt sich das durch gleichmäßige Wasserversorgung – das wirkt dann auch gegen Erdflöhe (kleine glänzende Käfer, die gerne Kreuzblütler wie Rettich, Radies und Kohl befallen und zahlreiche kleine Löcher in die Blätter fressen). Hitze, Wassermangel und eine zu späte Ernte können Radieschen zudem pelzig werden lassen.

JETZT PFLANZEN

Nach wie vor kann man Kopfsalat, Eissalat, Blattsalate, Kohlrabi, Knollenfenchel, Porree und andere nicht nur ins Freie, sondern auch ins gut gelüftete Gewächshaus oder ins Frühbeet setzen.

PFLEGEN UND ERNTEN

Bei den **Tomaten** im Gewächshaus beginnt im Juli die Erntezeit, Ende Juli/ Anfang August sind auch die ersten **Auberginen** sowie **Tomatillos** und **Okras** soweit. Wann genau ist abhängig von der Sorte, dem Beginn und den

Gartensalat mit lockerem Kopf kann auf einmal oder als Pflücksalat über einen längeren Zeitraum geerntet werden.

„Sollbruchstelle" am Fruchtstiel von Tomaten.

Bedingungen der Anzucht sowie vom Gewächshaus und dessen Klima.

Tomaten sind reif, wenn sich die Früchte bei leichtem Druck gegen die „Sollbruchstelle" am Fruchtstiel lösen lassen. Manche Tomatensorten schmecken allerdings besser, wenn sie etwas früher geerntet werden, weil sie dann mehr Säure haben. Andere schmecken am besten, wenn man sie spät und vollreif erntet. Bei Vollreife geerntete Früchte sind weniger lange lagerbar.

Auberginen sind erntereif, wenn die Schale glänzt, die Frucht etwas weicher geworden ist und bei Druck leicht nachgibt.

Tomatillos erntet man, wenn die Fruchthülle aufgeplatzt ist und die Früchte ihre sortentypische Farbe entwickelt haben – manche eher gelbgrün, andere violett.

Sobald die ersten **Gurken** erntereif sind, sollte man sie regelmäßig, am besten täglich beernten, denn das fördert die weitere Blüten- und Fruchtbildung.

Bei den Kontrollgängen werden weiterhin Wachstums- und Ernährungszustand beurteilt und nach Krankheiten und Schädlingen geschaut.

Wer seine Pflanzen genau beobachtet, kann auch den Ernährungszustand ungefähr beurteilen: Helle Altblätter und insgesamt kleine Blätter sowie langsames Wachstum können auf einen Nährstoffmangel (vor allem Stickstoffmangel) hinweisen. Stickstoffmangel kann man durch Stickstoffdünger wie Hornspäne ausgleichen. Dunkle, schopfartig eingerollte Blätter im oberen Pflanzenbereich sind oft ein Anzeichen für übermäßige Nährstoffversorgung (besonders von Stickstoff). Bei akutem allgemeinem Mangel wirken flüssige Dünger, die dem Gießwasser beigemischt werden, am schnellsten.

TIPP: Manchmal sind nicht tatsächlicher Mangel oder Überschuss das Problem, sondern der pH-Wert des Bodens. Er beeinflusst die Nährstoffverfügbarkeit, die Pflanzengesundheit und den Ertrag. Optimalerweise liegt er beim Gemüseanbau zwischen 5,5 und 7,5. Ist er zu hoch, wird beispielsweise Eisen festgelegt. Ist er zu niedrig, können Aluminium- oder Manganionen in für Pflanzen schädigenden Mengen verfügbar werden.

Bodenuntersuchung
Wer mehr über den Zustand seines Bodens (pH-Wert, Nährstoffvorrat etc.) wissen möchte, sollte Bodenproben entnehmen und eine Bodenuntersuchung in Auftrag geben. Zu empfehlen ist dies alle 5 Jahre für jeden Bereich im Garten. Auf Wunsch erhält man auch gleich Empfehlungen zur Kalkung oder Düngung. Weniger zuverlässig, aber preisgünstiger sind Testsets und Testgeräte aus dem Gartenfachhandel.

JUNGPFLANZENANZUCHT

Fenchel wird weiterhin für Freiland, Frühbeetkasten oder Gewächshaus vorgezogen, um Platz im Beet zu sparen. Man sät jetzt Sorten für den Sommer- und Herbstanbau, beispielsweise **'Rhondo' F1**. Die Keimtemperatur sollte bei 18–22 °C liegen. Der letzte Satz wird vor Mitte August ausgepflanzt.

Ab Mitte des Monats werden **Chinakohl** und **späte Endiviensorten** (glattblättriger Eskariol-Typ im Gegensatz zum geschlitztblättrigen Frisee-Typ) bei 16–20 °C ausgesät und herangezogen. Der Chinakohl wird Ende Juli/Anfang August ins Freiland gepflanzt, die Endivie kommt Ende August/Anfang September ins Frühbeet oder ungeheizte Gewächshaus, wo sie bis in den Winter hinein geerntet werden kann. Endiviensorten des Eskariol-Typus, beispielsweise 'Eros' und 'Nuance' vertragen Temperaturen bis –5 °C.

Der letzte Kohlrabisatz des Jahres wird Mitte August ins Gewächshaus gepflanzt. Damit dann Jungpflanzen zur Verfügung stehen, wird etwa Mitte Juli ausgesät und vorkultiviert.

Später Endiviensalat: Der glattblättriger Eskariol-Typ verträgt auch leichte Minustemperaturen.

Wassermelonenpflanzen werden im Gewächshaus wie Gurkenpflanzen nach oben geleitet.

SONSTIGE GÄRTNERARBEITEN

Spätestens im Juli kann es im Kleingewächshaus sehr heiß werden. Mit Lüften und – falls die Lüftungsöffnungen nicht ausreichen – Schattieren (Schattiergewebe auflegen, Anstrich mit Schattierfarbe oder Mehl-Wasser-Mix) muss dafür gesorgt werden, dass die Temperaturen nicht über ein pflanzenverträgliches Maß klettern. Reichen auch diese Maßnahmen nicht, bleiben noch Ventilatoren (oder die Lüfterstufe der Gewächshaus-Gebläseheizung) sowie das Erzeugen von Verdunstungskälte (Wege befeuchten u. Ä.).

Andererseits sollte man darauf achten, dass sich im Kleingewächshaus nachts kein Tau bildet, denn feuchte Pflanzen werden eher von Pilzkrankheiten befallen. Vor allem bei Tomatenpflanzen ist es wichtig, dass sie keine nassen Blätter bekommen, da sie sonst von der gefürchteten Kraut- und Braunfäule-Krankheit befallen werden können – eine Krankheit, die auch an Kartoffeln auftritt.

GEWÄCHSHAUS-INSTANDHALTUNG

Der Juli ist eigentlich keine Zeit der Instandhaltung, aber man sollte beobachten, wie das Gewächshaus auf Hitze reagiert. Zeigt sich beispielsweise, dass es im Gewächshaus viel zu heiß wird und zwar noch heißer als draußen, obwohl alle Türen und Fenster geöffnet sind, ist das ein Zeichen, dass die Lüftungsmöglichkeiten nicht ausreichen. Vielleicht erwägen Sie den nachträglichen Einbau von Fenstern an einer Seitenwand und am Dach, eine Doppeltür statt Einfachtür o. Ä.

Hagel- und Sturmschäden versichern

Gewächshäuser, die auf dem gleichen Grundstück wie das Wohngebäude stehen, können in der Regel in die Gebäude-, Glasbruch- und/oder Elementarversicherung aufgenommen werden. Dazu muss man den Versicherer vor dem Schadensfall kontaktieren und eventuell die Policen ändern. Für Pflanzenausfälle wäre die Hausratsversicherung zuständig, wenn das Gewächshaus in die Hausratsversicherung eingeschlossen ist. Für Gewächshäuser in einer Gartenanlage müssen eigene Verträge abgeschlossen werden. Mehr zum Thema Versicherung von Sturm- und Hagelschäden **> Link im Serviceteil Seite 123**.

JULI-NOTIZEN

PORREE UND FENCHEL BLEICHEN

Die Fenchelknollen werden schön weiß und zart beziehungsweise die Schäfte des Porree lang und weiß, wenn der Knollenfenchel zwei Wochen vor der Ernte und Porree mehrmals während des Wachstums angehäufelt werden.

AUGUST

Haupterntezeit der Fruchtgemüse: die Belohnung für die Arbeit der letzten Wochen. Manche packt die Wehmut, denn bald geht die Gartensaison in den Endspurt. Im Gewächshaus ist allerdings noch viel zu tun. Wer im Herbst und Winter ernten möchte, stellt im August und September dafür die Weichen.

Ein Teil des Spaßes am Gärtnern ist das Experimentieren: Man probiert neue Arten, Sorten und Anbauweisen aus, gewinnt selbst Samen und anderes mehr. Manchmal übertreffen die Ergebnisse die eigenen Erwartungen, aber manchmal läuft es vielleicht nicht so gut. Aber egal, man lernt immer dazu.

TIPP: Führen Sie ein Gartenjournal, in dem Sie Ihre Erfahrungen festhalten.

VORBEREITEN

Auch wenn es vielleicht gerade unerträglich heiß ist (zwischen dem 23. Juli und dem 23. August gibt es oft die „Hundstage"): Anfang August muss man überlegen, wie die Nutzung des Gewächshauses oder Frühbeets weitergehen soll. Was will man im Herbst ernten? Wie sollen die einzelnen Beete in den Winter gehen? Mit überwinterndem Salat oder Gemüse? Mit Gründüngung? Mit Mulch?

Aubergine und Chili – zwei aus einer Familie.

JETZT SÄEN

Direkt ins Beet eines gut gelüfteten Gewächshauses, Frühbeetkastens und ins Freie können weiterhin **Blattsalat**, **Rettich**, **Radieschen**, **Gartenkresse**, **Dill**, **Hirschhornwegerich** und anderes gesät werden. Herbstsorten wählen! Sie erhalten später eventuell einen Vliesschutz.

Mitte August werden **Spinat** und **Feldsalat** für die Herbsternte direkt ins Beet gesät. Geeignete Spinatsorten sind beispielsweise 'Matador' und 'Corvair F1', wobei sich der letztere nicht nur als Blattgemüse, sondern auch als „Baby-Leaf-Spinat" (zarte junge Blätter) für Salate, Dekoration und Ähnliches ernten lässt. Der Abstand sollte bei Spinat von Reihe zu Reihe 20–25 cm und in der Reihe 5 cm betragen. Zu enge Aussaat fördert den Befall mit Falschem Mehltau, einer Pilzkrankheit.

Geeignete Feldsalatsorten für die Herbsternte sind beispielsweise 'Holländischer Breitblättriger' und 'Verte de Cambrai', beide können im Oktober/November geerntet werden, letztere Sorte auch bis März nächsten Jahres – nach Bedarf und bei frostfreiem Wetter. Der Reihenabstand sollte bei Feldsalat etwa 10–15 cm und der Abstand in der Reihe etwa 8–10 cm betragen. Es ist wichtig, nicht zu eng zu säen, notfalls sogar später auszudünnen, falls

Die bunten Stiele des Stielmangolds werden bissfest gekocht und dann entweder wie Spargel mit Sauce hollandaise oder mit Zitrone-Olivenöl-Vinaigrette serviert.

man sich vertan hat, weil eine enge Aussaat Krankheiten begünstigt und die Pflanzen wegen Lichtknappheit auch langsamer wachsen.

Wer jetzt noch keinen Platz im Beet hat, kann Feldsalat vorziehen (siehe Jungpflanzenanzucht) und später auspflanzen oder man weicht auf das Freilandbeet aus und überdacht das Beet später mit Vlies oder einem Folientunnel.

Im August und September kann man auch Stielmangold (beispielsweise die Sortenmischung ‘Bright Lights & Charlie, F1’) direkt ins Gewächshaus oder Frühbeet säen, um sie nur wenige Wochen später im Baby-Leaf-Entwicklungszustand (bei etwa 10–15 cm Höhe) zu ernten.

Auch Winterportulak, Löffelkraut und Salatrauke können jetzt ins Frühbeet oder Gewächshaus gesät werden.

TIPP: Erleichtern Sie sich die Kontrolle unerwünschter Beikräuter (kurz Unkräuter), indem Sie Feldsalat, Spinat und andere in Reihen und nicht breitwürfig aussäen: Bei Reihensaat können Sie das Unkraut in stehender

Haltung mit einer Bügelziehhacke entfernen und/oder Mulch ausbringen. Bei breitwürfiger Aussaat sind Sie gezwungen, in gebückter Haltung oder neben dem Beet kniend Unkraut zu jäten.

Hirschhornwegerich gehört zur norditalienischen Küche. Er ist mehrjährig und kann immer wieder beerntet werden, wenn man das Herz nicht verletzt. Nicht blühen lassen!

JETZT PFLANZEN

Der letzte Kohlrabisatz des Jahres wird etwa Mitte August ins Gewächshaus gepflanzt, die Jungpflanzen dafür wurden im Juli ausgesät.

Ende August/Anfang September kann Endiviensalat (Aussaattiefe 2–3 cm, Abstand der Reihen etwa 35 cm, Abstand in der Reihe etwa 30 cm) ins Gewächshaus gepflanzt werden. Die Jungpflanzen hat man entweder selbst Ende Juni ausgesät und seitdem herangezogen oder man kauft sie beim Gärtner oder im Gartenfachhandel.

PFLEGEN UND ERNTEN

Jetzt gibt es vollaromatische Tomaten, fruchtige Paprika, feurige Chili, pralle Auberginen und knackige Gurken zu ernten.

Tomaten sollte man mindestens dreimal pro Woche, Gurken am besten täglich durchpflücken. Der optimale Erntezeitpunkt bei Tomaten hängt von der Sorte und dem persönlichen Geschmack ab beziehungsweise davon, wie man sie genießen will. Tomaten, die reif, aber nicht überreif sind, sind länger haltbar und schmecken besser auf dem Brot oder im Salat als überreife Tomaten. Sehr reife Tomaten sind prima für Suppe und Soße, aber roh bei manchen Sorten ein wenig fad. Zum Kochen ist es manchmal besser, verschieden reife Früchte verschiedener Sorten im Mix zu verwenden, um die Vor- und Nachteile beider zu verbinden.

Mehr Luft im Pflanzenbestand

Bei hochwachsenden Sorten von Gurken, Paprika und Tomaten werden die unteren Blätter nach und nach entfernt, sie verfärben sich bei den untersten beginnend sowieso meist mit der Zeit. Das Entblättern fördert die Belüftung des Bestandes und beugt Pilzkrankheiten vor. Bei Tomatenpflanzen werden keine Blätter oberhalb einer Blüten- bzw. Fruchttraube entfernt, denn diese sollen möglichst nicht der prallen Sonne ausgesetzt werden.

Zur Schwammgewinnung wird die äußere Haut der Luffagurke nach der Ernte geschält und die Frucht in Wasser gelegt. Wenn das Fruchtfleisch verfault ist, wird das Schwammgewebe mit Wasser durchgespült.

Gurkenfrüchte sollten auch nicht zu lange hängen. Werden sie gelb, hat man den optimalen Zeitpunkt verpasst. Jung und knackig haben sie viel mehr Biss und Eigengeschmack.

Gemüse kann man eine gewisse Zeit lagern. Wenn die Ernte aber so groß ausfällt, dass man mit dem Verzehr nicht nachkommt, sollte man sie rechtzeitig durch Einkochen, Einlegen, Einfrieren, Trocknen und anderes haltbarer machen.

Den hochwachsenden Tomatenpflanzen wird ab Mitte August die Spitze des Haupttriebes gekappt. Der Zeitpunkt hängt davon ab, wann abgeräumt werden muss. Durch das Kappen wird verhindert, dass weiterhin Blüten und Früchte ausgebildet werden, obwohl diese nicht mehr zu erntefähigen Früchten ausreifen können.

Etwa 3–4 Wochen vor Kulturende (bevor die Pflanzen abgeräumt werden) wird das Düngen eingestellt. Wann das Kulturende zu erwarten ist, macht man vom Zustand der Pflanzen und vom Platzbedarf für die Herbstkulturen abhängig.

Lagerung von geerntetem Gemüse

Je schneller das Erntegut aus dem Warmen kommt, desto länger hält es. Tomaten werden bei Zimmertemperatur gelagert, damit sie ihr Aroma behalten. Doch sie reifen je nach Temperatur weiter. Bevor man sie schlecht werden lässt, verarbeitet man sie oder zögert den Verfall doch mit einem Kühlschrankaufenthalt hinaus.

Von Chili, Paprika und Auberginen heißt es ebenfalls, man solle sie nicht im Kühlschrank lagern, aber Paprika und Auberginen lagere ich mit Erfolg im Kühlschrank, wenn ich sie nicht innerhalb der nächsten 36 Stunden verarbeiten kann.

Gurken, Porree, Kohlrabi, Rettich (ohne Laub), Fenchel, Chicorée u. a. halten sich meiner Erfahrung nach am besten im Kühlschrank. Endivie und Kopfsalat werden vorher in Zeitungspapier oder ein feuchtes Tuch gewickelt oder in eine dünne PE-Tüte gesteckt. Auch Spinat und Feldsalat halten sich gut in einer dünnen PE-Tüte oder in einem verschließbaren Behälter, den man in den Kühlschrank stellt.

JUNGPFLANZENANZUCHT

Da die Gemüsebeete im Gewächshaus und Frühbeet jetzt oft noch von Sommerkulturen wie Tomaten, Gurken oder Paprika belegt sind, gleichzeitig aber die Aussaat von Feldsalat für die Herbsternte ansteht, sät man den Feldsalat in kleine Töpfe oder in Tabletts mit Erdpresstöpfen (6–7 Samen pro Einheit), sodass man die Pflanzen später als Tuffs ins Beet umpflanzen kann.

Feldsalat mit oder ohne Vorkultur
Wer Feldsalat noch dieses Jahr ernten möchte (Herbsternte), sollte ihn im August direkt ins Beet säen. Doch oft ist noch nicht genügend Platz im Gewächshaus frei geworden. Lösung: Man zieht den Feldsalat ab August in Töpfen oder Erdpresstöpfen vor (6–8 Samen pro Topf), das benötigt weniger Platz, und pflanzt diese 5–6 Wochen später im Abstand von etwa 10 × 10 cm ins Frühbeet oder Gewächshausbeet. Feldsalat für die Überwinterung kann auch im September und Anfang Oktober noch direkt ins Beet gesät werden. Direkt gesäter Feldsalat wurzelt tiefer und ist widerstandsfähiger gegen Trockenheit.

Rettich wird meist direkt ins Beet gesät, kann aber bei Platzmangel vorgezogen und später ausgepflanzt werden. Später Rettich kann ohne Laub bis zu fünf Monate lang gelagert werden.

Auch Radieschen und Rettiche kann man nicht nur direkt ins Beet säen, sondern auch vorziehen und dann auspflanzen. Beide müssen schon bald nach dem Keimen vereinzelt werden. Bei Radies sollte das Hypokotyl, das Stück zwischen Wurzeln und Keimblättern, nicht länger als 2 cm sein, bei Rettich etwa 6 cm.

Ausgesät und vorgezogen wird jetzt auch der **Herbstkopfsalat** für die Pflanzung ins Gewächshaus oder Frühbeet Anfang September. Im Optimalfall beträgt die Temperatur zur Keimung 10–16 °C, da höhere Temperaturen bei Salat eine Keimhemmung auslösen können. Diese Keimhemmung kann man austricksen, indem man die Aussaaten eine Woche in den Kühlschrank mit etwa 4–8 °C stellt. Die Anzucht dauert etwa 3–4 Wochen. Geeignet sind beispielsweise die Sorten ‘Larissa’, ‘Zulu’ und ‘John’. Die Ernte beginnt Ende Oktober und kann bis in den November andauern.

GEWÄCHSHAUS-INSTANDHALTUNG

Ist die Sommerhitze vorbei, können Schattierungen, die zur Temperaturregulierung angebracht wurden (Schattiergewebe, Schattieranstrich) entfernt werden.

Wer in seinem Gewächshaus auch wärmeliebende Kübelpflanzen stehen hat, reinigt und wartet es am besten in einer warmen Phase Ende August/Anfang September, weil man diese Pflanzen für kurze Zeit noch an einen Platz im Garten stellen kann.

AUGUST-NOTIZEN

SOLANIN IN TOMATEN

Solanin ist ein giftiges Alkaloid, das ab einem Gehalt von 20 mg/100 g Frischsubstanz als gesundheitsschädigend und ab einem Gehalt von 400 mg/100 g Frischsubstanz als tödlich gilt. Da die grünen Teile um den Stielansatz in der Tomatenfrucht Solanin enthalten, sollte man sie nicht nur aus Geschmacksgründen ausschneiden. Wie man grün geerntete Tomaten nachreift steht auf > Seite 94.

SEPTEMBER

Der Frühherbst ist nicht nur Holunderbeeren- und Volksfestzeit, sondern auch die Zeit des Übergangs von den Sommer- zu den Herbst- und überwinternden Kulturen. Im Kleingewächshaus und Frühbeet wird gesät und gepflanzt und es gibt einiges an Reinigungs- und Wartungsarbeiten durchzuführen.

Im Gemüse-Kleingewächshaus werden ab September nach und nach die Sommergemüse abgeräumt. Das ist ein guter Zeitpunkt, die Scheiben des Gewächshauses zu reinigen, damit in der lichtarmen Herbst- und Winterzeit möglichst viel Licht durch die Gewächshaus-Abdeckung hindurchkommt.

VORBEREITEN

Abgeerntete Beete werden für die Herbstbepflanzung vorbereitet. Traditionell wird der Boden umgegraben oder mit einem Sauzahn oder der Grabgabel ohne Bodenwendung gelockert, anschließend die Oberfläche gehackt und zerkrümelt, Saatrinnen vorgezogen oder Pflanzlöcher markiert. Dann wird gesät oder gepflanzt. Im Boden lagern jedoch Samen und treibfähige Sproß- und Wurzelteile von Pflanzen, die keimen beziehungsweise austreiben, sobald sie in Oberflächennähe kommen und sie nicht durch ältere Pflanzen unterdrückt werden. Um das Auflaufen des Unkrautes zu unterdrücken, kann man den Boden zwischen den Reihen mit Stroh oder anderen Mulchmaterialien bedecken.

JETZT SÄEN

Bis Anfang September kann man im Gewächshaus und Frühbeet **späten Kopfsalat** direkt ins Beet säen. Die Reihen sollten einen Abstand von 30 cm haben, in der Reihe wird ebenfalls auf etwa 30 cm vereinzelt. Der Salat kann bis etwa Anfang November geerntet werden.

Bis etwa 20. September kann man Radieschen aussäen. Anfang November werden die letzten geerntet.

Im ungeheizten Gewächshaus lassen sich noch bis etwa 20. September **Radieschen** ins Beet säen (Ernte ist dann Ende Oktober/Anfang November), im frostfrei geheizten sogar bis Anfang Oktober (Ernte Ende November/Dezember). Bei Kälteeinbrüchen erhalten die Spätgemüse eine Vliesauflage. Für den späten Herbstanbau geeignete Radieschen-Sorten sind beispielsweise ‘Rodos’ und ‘Poloneza’.

Spinat, der überwintern soll, wird vor Ende des Monats ins Beet gesät (1–2 cm tief, in Reihen mit 20–25 cm Abstand, in der Reihe 4–6 cm Abstand). Die Reihen müssen während der Keimung gut feuchtgehalten werden, damit alle Samen keimen. Für die Überwinterung geeignet ist beispielsweise die Sorte ‘Matador’.

Im Freien endet die Aussaat von Asiasalat im September. Im ungeheizten Gewächshaus und Frühbeet fängt sie erst an. Man sät in mehreren Sätzen bis Anfang November und kann dann den ganzen Winter ernten.

Feldsalat, der Anfang September gesät wird, kann meist noch im Herbst geerntet werden, bei späteren Aussaaten wird er überwintert und an frostfreien Tagen geerntet, sobald er groß genug ist (Aussaattiefe 1,5–2 cm, Reihenabstand etwa 10–15 cm, Abstand in der Reihe 8–10 cm). Nach der Aussaat wird gut angegossen und der Boden feucht gehalten, damit die Samen gleichmäßig aufgehen. Feldsalat keimt noch bei niedrigen Temperaturen, dann aber langsamer. Geeignete Sorten für die Überwinterung im Gewächshaus oder Frühbeet sind 'Verte de Cambrai' und 'Gala'.
Weitere Wintergemüse, die jetzt direkt ins Beet ausgesät werden können, sind beispielsweise **Winterportulak**, **Löffelkraut** und **Asiasalat**. Beim Anbau im Gewächshaus oder Frühbeetkasten sind sie vor Kahlfrösten geschützt.

Winterportulak (*Claytonia perfoliata*) gehört zur Familie der Quellkrautgewächse. Er hat einen leicht säuerlichen Geschmack und lässt sich gut als Salat oder wie Spinat zubereiten. Er wird in Reihen im Abstand von 15 cm oder in Tuffs gesät.

Löffelkraut (*Cochlearia offinalis*) gehört wie Kohl, Rettich und Senf zu den Kreuzblütlern. Es ist zwar winterhart, kann aber im Gewächshaus oder Frühbeet im Winter besser geerntet werden. Man sät es in Reihen von etwa 20 cm Abstand 0,5 cm tief. Nach dem Keimen wird es in der Reihe auf etwa 10–15 cm vereinzelt. Löffelkraut ist sehr vitaminreich, geschmacklich erinnert es an Kresse und kann Salat beigegeben oder zum Würzen verwendet werden. Achtung: Wenn es blüht, werden die Blätter bitter.

Asiasalat erinnert vom Aussehen an Blattsalate (*Lactuca sativa* var. *crispa*), gehört aber ebenfalls zu den Kreuzblütlern. Asiasalat wächst auch bei niedrigen Temperaturen und sogar schneller als Feldsalat. Wer beispielsweise Ende September eine Asia Spicy Mischung im kalten Gewächshaus aussät, kann im November ernten.

Im ungeheizten Gewächshaus und im Frühbeet sät man ab Ende September breitwürfig oder in Reihen (15 cm Reihenabstand, 3 cm Abstand in der Reihe, 1,5–2 cm tief) aus. Mit Folgesätzen etwa alle zwei Wochen bis in den November hinein kann man den ganzen Winter ernten. Bei sehr tiefen Temperaturen legt man eine Lage Vlies auf. Schnittreif sind die Pflanzen bei etwa 15–20 cm Höhe. Sie werden 2–3 cm über dem Strunkansatz abgeschnitten und treiben dann erneut aus. Junge Blätter schmecken roh beispielsweise in Salaten oder Suppen, doch meist werden Asiasalate im Wok gedünstet.

JETZT PFLANZEN

Anfang September können noch **Endivie** und **Herbstkopfsalat** ins Gewächshausbeet gepflanzt werden – entweder aus eigener Jungpflanzenanzucht oder vom Gärtner zugekauft.

Der Herbstkopfsalat wird im Abstand 25 × 25 cm gepflanzt und kann bis in den November hinein geerntet werden.

Der Endiviensalat wird 2–3 cm tief gesät. Der Abstand der Reihen sollte etwa 35 cm betragen, der Abstand in der Reihe etwa 30 cm. In der Regel kann bis in den Dezember hinein geerntet werden.

Wer braucht denn Bodenorganismen?

Bodenorganismen, vom Regenwurm bis zur kleinsten Mikrobe, verbessern die Bodenkrümelstruktur, denn sie sind entscheidend für den Humusaufbau, sie tragen zur Durchwurzelbarkeit des Bodens, zur Ernährung der Pflanzen und zur Bindung von Kohlenstoff im Boden bei. Letzteres, weil die Pflanzen Kohlenstoff in Form von Kohlendioxid aus der Luft holen, in Zucker umwandeln, zu den Wurzeln leiten und an die Organismen im Boden abgeben. Bodenorganismen erhöhen also nicht nur die Bodenfruchtbarkeit und sorgen dafür, dass gebundene Nährstoffe pflanzenverfügbar werden, sie sind auch sehr wichtig für das Klima, weil sie Kohlenstoff wieder im Boden festhalten, der beispielsweise durch Verbrennung fossiler Brennstoffe, Abholzung und durch Trockenlegung von Feuchtgebieten in die Erdatmosphäre gelangt und zur Klimakrise beiträgt .

Unreife Tomaten kann man ganz einfach im Warmen nachreifen. Licht spielt dabei keine Rolle.

Grün geerntete Tomaten nachreifen
Unreife Tomaten, die man ernten musste, weil beispielsweise ein Trieb abgebrochen oder die Gartensaison zu Ende ist, können bei 22–27 °C nachgereift werden. Licht benötigen die Tomaten für die Nachreife nicht. Nachreifen ist in der Regel nicht mehr möglich, wenn die grünen Früchte bei 10 °C oder niedriger gelagert wurden. Das heißt, nicht zu lange mit dem Abernten warten und nicht erst kühl lagern und dann versuchen, nachzureifen. Das gelingt selten.

PFLEGEN UND ERNTEN

Im gemüsebaulich genutzten Gewächshaus werden – wenn alles optimal gelaufen ist – zumindest bis Mitte des Monats noch Tomaten, Tomatillo, Auberginen, Paprika, Chili, Gurken, Melonen und Bohnen geerntet.

Wer den Platz für Herbst- und Wintergemüse benötigt und nicht mit der Methode der Untersaaten/Unterpflanzungen arbeiten möchte, wird schon die ersten Beete abräumen, damit sie für Feldsalat, Spinat und andere vorbereitet werden können.

Wärmebedürftige **Kräuter und Gewürzpflanzen aus den Tropen** wie Zitronengras und Ingwer lassen sich sehr gut in Kübeln kultivieren. Im Sommer stehen sie im Freien und verschönern die Terrasse. Man holt sie ins Warme, bevor es nachts unter 10 °C geht. Zitronengras wird bei Temperaturen zwischen 12 und 20 °C im Wohnraum, Wintergarten oder geheiztem Gewächshaus überwintert. Ingwer kann hell und warm wie Zitronengras oder ohne Laub dunkel bei 10–12 °C überwintert werden.

JUNGPFLANZENANZUCHT

Der Feldsalat, der im August für die spätere Pflanzung ausgesät wurde, sollte im September, knapp 6 Wochen nach der Aussaat, an den endgültigen Platz im Gewächshaus oder Frühbeet gepflanzt werden.

Zitronengras im Kübel ist nicht nur attraktiv, sondern es ist ein sehr beliebtes Gewürz der asiatischen Küche. Überwintert wird es am besten im geheizten Gewächshaus oder Wintergarten.

SONSTIGE GÄRTNERARBEITEN

Die **Sommergemüse** werden jetzt nach und nach abgeräumt. Falls Sie Anbindematerial, Spaliere oder Ähnliches im nächsten Jahr wiederverwenden möchten, reinigen Sie diese sorgfältig mit heißem Wasser und/oder desinfizieren Sie sie mit 70-prozentigem Alkohol.

GEWÄCHSHAUS-INSTANDHALTUNG

Wer ganzjährig Pflanzen im Gewächshaus hat, beginnt im September mit der Vorbereitung des Gewächshauses auf den Winter. Alle anderen können warten, bis alle Pflanzen abgeerntet sind.

Die Gewächshaushaut wird von innen und außen gereinigt. Bei der Konstruktion kann man eine Bürste, bei der Eindeckung einen weichen Schwamm zuhilfe nehmen. Aber Vorsicht: nicht versiegeltes Acrylglas (= Plexiglas = Polymethylmethacrylat, PMMA) verkratzt leicht. Am sichersten geht man, wenn man Wasser mit etwas Essig mischt und mit einer Sprühflasche aufsprüht, einwirken lässt und dann mit einem Schlauch abspült. Falls es eine Herstellerempfehlung unter Beachtung der Umwelt- und Pflanzenverträglichkeit gibt, kann man auch ein Spezialmittel verwenden. Je nach Gewächshaus lässt sich eventuell ein Hochdruckreiniger einsetzen. Fragen Sie im Zweifelsfall immer den Hersteller.

Zur Reinigung der Gewächshauseindeckung Wasser mit etwas Essig aufsprühen, einwirken lassen und mit dem Schlauch abspülen.

Außerdem werden vor dem Winter defekte Scheiben ersetzt, undichte Türen und Fenster repariert, rostige Stellen behandelt, Scharniere geölt, Gummidichtungen gepflegt (Glyzerin), automatische Lüfter sowie Heizungen kontrolliert und Holzkonstruktionen mit geeigneten Holzpflegemitteln behandelt.

Bei Foliengewächshäusern, die älter als sieben Jahre sind, sollte man einen Folienaustausch erwägen, da die Lichtdurchlässigkeit in der Regel stark reduziert und das Material spröde und verletzungsanfällig geworden ist. Bei Foliengewächshäusern, die über den Winter leer stehen, wechselt man die Folie erst im Frühjahr aus.

Um Probleme mit Schwitzwasser, Staub, Schmutz und Insekten in den Hohlräumen der Gewächshauseindeckung zu vermeiden, sollte man offene Seiten von Stegdoppelplatten beispielsweise mit speziellen Kappen aus Kunststoff oder Aluminium oder mit für das jeweilige Material geeignetem Silikon verschließen. Wenn bereits Insekten in offene Stegdoppelplatten gekrochen sind, kann man versuchen, sie mit Wasser herauszuspülen. An anderen engen Stellen kann man sein Glück mit einem Strohhalmreinigungsbürstchen versuchen – aber Vorsicht: Zerkratzungsgefahr.

TIPP: Reinigen Sie Ihr Gewächshaus an einem Tag mit bedecktem Himmel. Verwenden Sie keine Scheuermilch und keine Tücher, Schwämme oder Bürsten, die das Material zerkratzen könnten. Acrylglas darf nicht mit Benzol, Ethanol, Nitroverdünnung oder Aceton und Polycarbonat (PC), nicht mit Laugen, Aminen, Ammoniak oder organischen Lösungsmitteln behandelt werden.

SEPTEMBER-NOTIZEN

ANREGUNGEN IN DEN WEIHENSTEPHANER GÄRTEN

Die Weihenstephaner Gärten in Freising sind einen Besuch wert. Im Weihenstephaner Kleingarten gibt es eine ansehnliche Gewächshäuserausstellung und Anbaudemonstrationen in Gewächshäusern, Frühbeeten und Freilandbeeten. Alle Infos unter www.hswt.de/weihenstephaner-gaerten/klein.

Die Bitterlupine ist ein guter Bodenverbesserer, denn sie gehört zur Familie der Hülsenfrüchtler und lebt symbiotisch mit stickstoffbindenden Wurzelknöllchenbakterien.

GRÜNDÜNGUNG

Der ideale Gartenboden, auch im Gewächshaus oder Frühbeet, ist ein tiefgründiger, humoser, etwas sandiger Lehmboden. Doch wer hat den schon. Eine Möglichkeit, den vorhandenen Boden zu verbessern, ist die Gründüngung. Darunter versteht man die Bodenbedeckung durch wachsende Pflanzen, die dem Boden etwas Gutes tun. In der Regel sind das Arten mit einem intensiven Wurzelwachstum, die auch tiefere Schichten erschließen, das Bodenleben und damit auch die Humusbildung und die Krümelstruktur fördern, was die Bodenfruchtbarkeit erhöht. Gründüngungspflanzen aus der Familie der Leguminosen (Hülsenfrüchtler) wie Erbsen, Ackerbohnen, Klee, Wicken oder Lupinen binden außerdem in Symbiose mit Knöllchenbakterien Stickstoff aus der Bodenluft in Knöllchen an den Wurzeln, sodass der Nachfolgekultur etwa 3–4 g/m^2 an Stickstoff mehr zur Verfügung stehen.

Es ist abzuwägen, ob man eine Gründüngung aussät oder doch lieber Kulturpflanzen sät oder pflanzt, die ja auch den Boden bedecken und ihn durchwurzeln – gute Durchwurzler sind beispielsweise Feldsalat und Porree. Während man die Kulturpflanzen hinterher ernten und genießen kann, wird die abgemähte Gründüngung entweder auf den Komposthaufen gegeben oder mehr oder weniger fein zerhäckselt als Mulch zur Flächenkompostierung auf das Beet gegeben.

Gründüngung in Fruchtwechsel einbeziehen

Auf jeden Fall sollte die Gründüngung zu einer anderen Pflanzenfamilie gehören als die Hauptkultur im Jahr oder in mehreren Jahren davor.

Arten aus der Familie der Kreuzblütler sind im Gemüsegarten nicht als Gründüngung zu empfehlen, weil man sowieso viele Arten aus der Familie anbaut: Rettich, Radies, Kohlrabi, Kohl, Senf, Pak Choi, Chinakohl, Asiasalat, Gartenkresse, Rauke und viele andere. Kreuzblütler-Gründüngungspflanzen wie der Ölrettich sind auch nicht besonders gut darin, eventuell vorhandene Verdichtungen aufzubrechen oder mit den (bisher beobachteten) Mykorrhizapilzen zusammenzuarbeiten und sich von ihnen mit Nährstoffen versorgen zu lassen (aber möglicherweise mit anderen; das Zusammenspiel der einzelnen Organismen im Wurzelbiom ist noch immer weitgehend unbekannt).

Arten für die Gründüngung

Arten, die sich gut für die Gründüngung im Gemüsebeet (Freiland genauso wie im Gewächshaus) eignen, sind beispielsweise:

- **Bitterlupine** (Familie der Hülsenfrüchtler): Die Bitterlupine (*Lupinus angustifolius*) eignet sich für Neuanlagen, zur Bodenverbesserung im Sommer und nach dem Abräumen der Kulturpflanzen. Aussaat: April bis August.
- **Inkarnatklee** (Familie der Hülsenfrüchtler): Inkarnatklee (*Trifolius incarnatum*) bildet viel Grünmasse und ist ein guter Stickstoffsammler. Aussaat: April bis Juli.
- **Luzerne** (Familie der Hülsenfrüchtler): Die Luzerne (*Medicago sativa*) kommt auch mit verdichteten Böden zurecht. Aussaat: März bis Anfang September.
- **Bienenweide, Bienenfreund** (Familie der Raublattgewächse): Die Bienenweide (*Phacelia tanacetifolia*) bildet viel Wurzelmasse und bindet Nährstoffe, die bei der Verrottung wieder frei werden. Aussaat: März bis Anfang September.
- **Feldsalat** (Familie der Geißblattgewächse): Der Feldsalat (*Valerianella locusta*) bildet viel Wurzelmasse und ist dadurch ein guter Bodenverbesserer. Aussaat: August bis Oktober.

In der Regel lässt man die Gründüngungspflanzen nicht aussamen, um nicht die Nachkommen der Gründüngung später jäten zu müssen. Übrigens: Der Wert einer Gründüngungspflanze misst sich nicht an der Menge der oberirdischen Blattmasse, sondern am Wurzelwachstum und an der Wirkung beispielsweise hinsichtlich Humusaufbau auf den Boden.

Der Bienenfreund, ein Mitglied der Familie der Raublattgewächse, bringt Abwechslung in die Kultur- und Fruchtfolge im Gemüsegarten.

OKTOBER

Nach dem phänologischen Kalender sind wir im Vollherbst, aber oft überrascht uns der Oktober und wir können noch ein paar warme Sonnenstrahlen auf der Terrasse genießen – zumindest in den Pausen, denn im Gewächshaus stehen noch Säen, Pflanzen sowie Vorbereitungen für die Treiberei an.

Das Gewächshausjahr ist länger als das Gartenjahr. Wie schön. Im Garten kehrt nun meist Ruhe ein, doch im Gewächshaus wird weiter fleißig gesät und geerntet. Aber das Gewächshaus muss nun auch winterfest gemacht werden.

VORBEREITEN

Am schönsten sind die Jahre mit einem Altweibersommer, einem stabilen Hochdruckgebiet Ende September und Oktober. Im ungeheizten Gewächshaus und Frühbeet weichen nun auch die letzten Fruchtgemüse – abgeräumt und durch Herbst- und Wintergemüse ersetzt. Auch die Reinigungs- und Instandhaltungsarbeiten sind an schönen Tagen angenehmer durchzuführen.

JETZT SÄEN

Bis Ende September/Anfang Oktober kann man **Spinat** zur Überwinterung im Kleingewächshaus aussäen. Er kann, sobald er die gewünschte Größe erreicht hat (Baby-Leaf-Stadium oder die normale Spinatgemüse-Erntegröße der Sorte) an frostfreien Tagen geerntet werden.

Feldsalat, der im Winter und Frühjahr erntereif sein soll, muss bis Anfang Oktober ins ungeheizte Gewächshaus oder Frühbeet gesät werden. Im Gewächshaus mit Frostschutz kann man Feldsalat sogar noch bis Mitte Oktober aussäen. Feldsalat keimt auch bei niedrigen Temperaturen, dann aber langsamer. Wichtig ist es, für ausreichend Feuchtigkeit zu sorgen, bis die Samen gekeimt sind und sich ihre Wurzeln in den Boden gesenkt haben. Das dauert etwa 3 Wochen. Man kann Feldsalat breitwürfig oder in Reihen aussäen. Für die Überwinterung geeignete Feldsalatsorten sind beispielsweise 'Vit', 'Gala', 'Favor' und 'Verte de Cambrai'.

Spinat, der überwintern soll, kann bis Anfang Oktober gesät werden.

Gepflanzter Feldsalat ist angenehmer unkrautfrei zu halten und zu ernten als breitwürfig gesäter.

TIPP: Feldsalat und Spinat können von Falschem Mehltau, einer Pilzkrankheit, befallen werden. Um das zu verhindern, wählen Sie widerstandsfähige Sorten, säen Sie nicht zu eng, jäten Sie regelmäßig die unerwünschten Beikräuter und lüften Sie reichlich.

VERFRÜHEN UND TREIBEN

Wer Schnittlauch, Erdbeeren oder Rhabarber im Winter/Frühjahr im Gewächshaus oder Frühbeet vortreiben möchte, sollte diese jetzt im Garten ausgraben, aber noch im Freien belassen: Den Schnittlauch kann man lose auf einem Haufen stapeln oder in Töpfe pflanzen. Die Erdbeeren werden einzeln in Töpfe gepflanzt und mit dem Topf in den Boden eingesenkt, bis sie im Dezember ins Frühbeet oder Gewächshaus zum Verfrühen oder Treiben geholt werden. Fällt die Temperatur unter −5 °C, sollte man die Erdbeerpflanzen mit Reisig schützen. Den Rhabarber setzt man in einen großen Kübel, damit man ihn im Februar ins Gewächshaus holen kann.

Solarenergie
Ein Gewächshaus funktioniert wie ein Sonnenkollektor. Ohne Heizung liegt die nächtliche Tiefsttemperatur aber nur wenige Grade über der Außentemperatur. Eine zusätzliche Nutzung von Solarenergie ist in Verbindung mit Energiespeichern (Wärmepumpe in Kombination mit einem Wärmespeicher oder Photovoltaik in Kombination mit einem Akku) sinnvoll. Auch schwarze, mit Wasser gefüllte PE-Schläuche auf dem Boden zwischen den Pflanzenreihen geben nachts Wärme ab. Bezugsquellen siehe Serviceteil. Mehr zu Technikthemen siehe Buch „Das Kleingewächshaus: Technik und Nutzung".

PFLEGEN UND ERNTEN

Oft stehen noch Chili und Paprika im Gewächshaus. Sie werden meist als einjährige Pflanzen kultiviert und landen nach der letzten Ernte auf dem Komposthaufen. Dabei sind fast alle Arten mehrjährig. Wer Chili (*Capsicum*) in Töpfen oder Kübeln angebaut hat, kann sie ins frostfreie oder temperierte Gewächshaus holen und dort hell bei etwa 10–15 °C überwintern. Der Aufwand lohnt sich nur bei besonderen Sorten, sonst sät man lieber jedes Jahr neu aus > Seite 109.

Die überwinternden Gemüse wie Feldsalat und Spinat brauchen jetzt Aufmerksamkeit: Feldsalat benötigt ausreichend Bodenfeuchte, sonst gibt es Trocknisschäden. Außerdem muss regelmäßig Unkraut gejätet und gelüftet werden.

SONSTIGE GÄRTNERARBEITEN

Der Herbst ist für viele die liebste Zeit, neue Beete vorzubereiten oder vernachlässigte Beete auf Vordermann zu bringen. Bei der herkömmlichen **Anlage eines neuen Gemüsebeets** wird vorhandenes Unkraut grob entfernt, dann umgegraben und der Boden bis zum Frühjahr sich selbst überlassen, damit der Frost einwirken kann. Zu bedenken ist, dass jedes Umgraben keimfähige Samen und Wurzelstücke aus der Tiefe nach oben holt und außerdem das Bodenleben durcheinanderwirbelt und es dem Frost aussetzt. Das Bodenleben besteht aber aus großen und kleinen Organismen, die alle ihre speziellen Ansprüche und Aufgaben im Ökosystem Boden haben, die kleinen leben oft in Symbiose mit den Pflanzenwurzeln.

Die Gärtnernden, die mehr auf Humusbildung als auf Frostgare setzen, **verzichten auf das Umgraben**, säen Gründüngung > Special Seite 98 oder Gemüse aus oder bedecken das Beet mit einer Mulchschicht. Dafür spricht auch, dass die Feuchtigkeit im Boden bleibt, was das Bodenleben fördert und damit auch mehr Kohlendioxid bindet.

Bei der **No-Dig-Anbauweise nach Charles Dowding** wird bei der Neuanlage eines Gemüsebeetes beispielsweise im Herbst nur grobes Gestrüpp entfernt. Auf die (normalfeuchte) Beetfläche einschließlich der Wege werden alte Kartons gut überlappend aufgelegt. Anschließend wird die eigentliche Beetfläche mit Holzbalken begrenzt und die Kartons außerhalb mit Steinen beschwert. Anschließend wird eine Schicht von etwa 10 cm Kompost auf die Beetfläche aufgebracht, eingeebnet und angedrückt. Das Beet kann sofort oder im nächsten Frühjahr bepflanzt werden. Das Unkraut unter dem Karton stirbt ab und der Karton zersetzt sich. In den Folgejahren werden im Herbst jeweils etwa 3 cm Kompost auf das Beet gegeben (je nachdem, was und wie viele Kulturen innerhalb eines Jahres angebaut werden) und, falls nötig, mehr Kartons oder halb verrotteter Rindenmulch auf die Wege gelegt. Eine weitere Düngung ist nicht vorgesehen.

Beim Anbau ohne Umgraben wird das Bodenleben durch jährliche Kompostgaben als Mulch ernährt und aufgebaut. Der Boden wird gut durchwurzelbar und kann die Pflanzen optimal versorgen.

Aus Sicht des „herkömmlichen“ Gartenbaus, bei dem lediglich der Nährstoffentzug der Pflanzen ersetzt und im Boden fehlende Nährstoffe ergänzt werden (mit dem Hintergrund, dass man so ungesund hohe Nitratgehalte im geernteten Gemüse und eine Auswaschung von Nährstoffen ins Grundwasser ausschließen will), sind das große Mengen an Nährstoffen, denn schon mit 3 Litern Kompost/m^2 (3 mm Schicht) bringt man etwa 16 g Stickstoff (N)/m^2, 11 g Phosphat (P_2O_5)/m^2 und 12 g Kaliumoxid (K_2O)/m^2 aus. Eine 3 cm Schicht ist das Zehnfache! Diese Menge an Kompost, wie von Charles Dowding und manchen anderen Humusaufbauern empfohlen, erscheint mir nur beim Anbau ohne Bodenwenden (also ohne Umgraben oder Pflügen) und bei ständig bewachsenem oder bedecktem Boden sowie kontrollierter Wasserversorgung vertretbar, denn dann bleiben Feuchtigkeit und Nährstoffe, da wo sie gebraucht werden, und werden nicht in die Tiefe oder ins Grundwasser ausgewaschen. Es bleibt zu hoffen, dass es zu dem Thema Bodenleben und Humusaufbau bald mehr Forschungsergebnisse gibt. Viele der Vorgänge im Boden, besonders auch die Vernetzung der Bodenorganismen untereinander und mit den Pflanzen, ist wissenschaftlich noch eine Black Box.

Humusaufbau

Bei Anbauverfahren ohne Umgraben wird der Boden nie nackt der Witterung ausgesetzt, er ist immer mit Kulturpflanzen, Gründüngung oder Mulch bedeckt. Kompost wird kurz vor der Pflanzung oder in einen stehenden Pflanzenbestand gegeben und dem Wohlergehen des Bodenlebens, einschließlich der Mykorrhiza-Pilze, die mit den Pflanzen eine besondere Symbiose eingehen, wird besondere Aufmerksamkeit geschenkt. Mit den Kompostgaben werden nicht die Pflanzen direkt ernährt, sondern der Boden/das Bodenleben. Dieser versorgt die Pflanzen, die über die Wurzelausscheidungen signalisieren, was sie benötigen. Ziel ist der Humusaufbau im Boden, der nicht nur bessere Ernten ermöglichen, sondern große Mengen Kohlendioxid aus der Luft im Boden binden soll.

Die Philosophie hinter No Dig: Jedes Umgraben stört das Bodenleben, dessen Arten jeweils auf eine bestimmte Tiefe und Vernetzung mit anderen Bodenlebewesen spezialisiert sind und das sich nach jedem Bodenwenden wieder regenerieren muss. Mit No Dig erspart man sich nicht nur das Umgraben, sondern reduziert den Aufwand für das Jäten erheblich. Mehr zu den Themen Humusaufbau sowie No Dig ➤ Links und Buchempfehlungen im Serviceteil Seite 122 und 123.

GEWÄCHSHAUS-INSTANDHALTUNG

Spätestens jetzt beginnt man damit, das Gewächshaus auf den Winter vorzubereiten. Wer sein Gewächshaus im August oder September noch nicht auf Vordermann gebracht hat, sollte es Anfang Oktober innen und außen reinigen, defekte Scheiben ersetzen, Türen und Fenster auf dichtes Schließen überprüfen und gegebenenfalls reparieren, Scharniere ölen, automatische Lüftungsklappen überprüfen, Roststellen oder Farbschäden ausbessern usw. Die Dachrinnen müssen im Herbst wegen des Blattfalls regelmäßig geprüft und eventuell geleert werden.

Die meisten automatischen Fensteröffner kann man auf eine Temperatur zwischen 15 und 25 °C einstellen. In unbeheizten Gewächshäusern, in denen überwinternde Gemüse stehen oder Gemüse gelagert wird, sind aber 15 °C eine zu hohe Lüftungstemperatur – das Gewächshaus wird im späten Herbst und Winter tagsüber zu warm und das Gemüse wird empfindlich. Viele Hersteller der Lüftungsautomaten empfehlen von vorneherein, den automatischen Fensteröffner über den Winter wieder durch die manuellen Fenstergriffe zu ersetzen und von Hand zu lüften. Wer sich die Arbeit nicht machen möchte, die automatischen Dachlüfter abzumontieren, kann zum manuellen Lüften einfach die Tür (oder den oberen Teil bei geteilten Türen) sowie Seitenfenster ohne automatische Fensteröffner von Hand öffnen.

Automatische Fensteröffner werden über den Winter außer Dienst gestellt. Stattdessen wird von Hand gelüftet.

Wartung der automatischen Fensterheber

Beim Kauf erhält man in der Regel eine Anleitung, wie die Fensterheber anzubringen, die Öffnungstemperatur einzustellen und wie sie zu warten sind. Üblicherweise werden die beweglichen Teile nach der Montage und nach jedem Frühling und Herbst mit einem leichten Öl geschmiert. Für die Führungsstange kann man Fett oder Vaseline benutzen. Nach längeren Kälteperioden, aber mindestens einmal im Jahr wird von manchem Hersteller empfohlen, den Druck vom Öffner zu nehmen, indem man die Einstellschraube 3–4 Umdrehungen im Uhrzeigersinn (also zur niedrigeren Temperatureinstellung) und anschließend wieder zurückdreht. Oft empfehlen Hersteller, den automatischen Fensteröffner über den Winter wieder durch die manuellen Fenstergriffe zu ersetzen.

OKTOBER-NOTIZEN

ENTSORGEN VON EINDECKUNGSMATERIAL

Wer das Gewächshaus neu eindecken oder einzelne Elemente erneuern muss, steht vor der Frage, wohin mit dem Bruch oder den Altmaterialien.

Glas: Einzelne kleine Bruchstücke dürfen in die Restmülltonne, größere Mengen gehören zum Wertstoffhof. Flachglas darf nicht in die Sammelbehälter für Glasflaschen!

Folien und Stegmehrfachplatten: Wer eine größere Menge Altfolie oder Stegdoppelplatten/Stegmehrfachplatten entsorgen muss, bringt sie zum örtlichen Wertstoffhof (oder ruft vorher dort an an, mit der Angabe, um welches Material es sich handelt: Folie aus Polyethylen (PE, Recycling-Code 02 oder 04,) Polypropylen (PP, Code 05), PVC (Code 03), Stegdoppel- oder Mehrfachplatten aus Polycarbonat (PC, Code 07) oder Acrylglas (Polymethylmethacrylat, Kurzzeichen PMMA, Code 07).

NOVEMBER

Halloween ist vorbei, Rosskastanien und Eichen lassen ihr Laub fallen. Der Wechsel vom Spätherbst zum Winter ist nicht mehr fern. Im kühlen Gewächshaus stehen die letzten Herbst- sowie die überwinternden Gemüse, im warmen Gewächshaus wird mit der Treiberei begonnen.

Vor dem ersten Frost kommen nun die Schutzbedürftigen ins Gewächshaus. Zusammen mit den Herbstgemüsen und verfrühtem Schnittlauch sorgen sie im Novembergrau für gesunde Vitamine.

Wer seine Chilipflanzen überwintern möchte, kultiviert sie am besten im Topf oder Kübel.

VORBEREITEN

Die Zeit des Säens und Pflanzens ist im ungeheizten Gewächshaus sowie im Frühbeet für dieses Jahr in den meisten Regionen Deutschlands vorbei, da die Witterung und die Temperaturen zu unsicher sind und/oder auch das Licht für einen guten Wachstums-Startschuss der jungen Pflanzen fehlt. Im warmen Gewächshaus, auf der Fensterbank und an anderen Orten beginnen allerdings das Verfrühen und die Treiberei.

VERFRÜHEN UND TREIBEN

Wer Ende Oktober/Anfang November Schnittlauch ausgegraben und im Freien gelagert hat, kann nun nach und nach Schnittlauch treiben. Dazu legt man ihn zunächst 5 Stunden lang in 40 °C warmes Wasser, topft ihn dann und stellt ihn in ein warmes Gewächshaus bei 20 °C. Es dauert etwa 3 Wochen, bis der Schnittlauch erntereif ist. Die Warmwasserbehandlung muss man nur bei den ersten Sätzen durchführen. Hat erst einmal genügend Kälte auf die Schnittlauchballen eingewirkt, brauchen sie diese „Ruhebrechung“ nicht mehr.

Chilipflanzen überwintern

Chilipflanzen kann man im temperierten Gewächshaus bei 10–15 °C überwintern. Die Pflanzen werden nach der Ernte zurückgeschnitten und möglichst spät, aber bevor die Temperaturen unter 10 °C fallen, ins beheizte Gewächshaus oder einen kühlen Wohnraum (nahe ans Fenster oder mit Zusatzlicht) gestellt.

PFLEGEN UND ERNTEN

Spinat, Feldsalat, Löffelkraut, Winterportulak und andere kälteverträglichen Gemüse, die im ungeheizten Kleingewächshaus überwintern, brauchen an warmen/sonnigen Tagen frische Luft – das heißt, es muss tagsüber gelüftet werden. Da die Nacht schon früh hereinbricht, können die Lüftungsklappen auch schon früher wieder geschlossen werden.

Unkraut sollte regelmäßig gehackt oder gejätet werden. Bewässert wird bei Bedarf. Eine Vliesabdeckung wird aufgelegt, wenn Fröste vorhergesagt werden – das ist im November nur in manchen Jahren und in manchen Regionen der Fall.

Spinat ernten und lagern

Damit sich Spinat nach der Ernte eine Zeit hält, wird am besten in den frühen Morgenstunden geerntet und die Ernte in eine kühle Umgebung mit hoher Luftfeuchtigkeit gebracht. Er bleibt am längsten frisch, wenn man ihn in einem Folienbeutel oder einem verschlossenen Behälter bei Temperaturen wenig über 0 °C (das kühlste Fach im Kühlschrank, meist oberhalb des Gemüsefaches) aufbewahrt.

Löffelkraut ist ein anspruchsloses, vitaminreiches Gewürzkraut aus der Familie der Kreuzblütengewächse.

Frostempfindliche Gemüse in Töpfen und Kübeln, die aus südlichen Gefilden stammen und die man im Sommer draußen aufgestellt hatte, werden vor dem Frost zur Überwinterung ins Gewächshaus geholt.

Artischocken im Kübel werden, nachdem man die welken Blätter entfernt hat, im ungeheizten Gewächshaus in den Boden eingelassen oder durch andere Schutzmaßnahmen vor Frost geschützt. Im frostfreien Gewächshaus werden sie einfach aufgestellt.

Baumtomaten (Tamarillo, *Solanum betaceum* Syn. *Cyphomandra betacea*) gehören zu den Nachtschattengewächsen. Im Kübel werden sie zu mehrjährigen, etwa 2 m hohen „Bäumen“. Die Früchte ähneln geschmacklich eher Maracujas als Tomaten. Die Pflanzen stehen von etwa Mai bis Ende Oktober im Freien, müssen aber frostfrei überwintert werden. Daher holt man sie Anfang des Monats ins frostfreie Gewächshaus, wo sie zurückgeschnitten und bei etwa 2–10 °C überwintert werden. Mehr über exotische Früchte im Buch „Das Kleingewächshaus: Technik und Nutzung“.

Mehrjährige Kräuter wie **Rosmarin** und **Salbei** kann man ins ungeheizte Gewächshaus holen und dort geschützt überwintern.

Die Baumtomate/Tamarillo ist zwar mit der Tomate verwandt, aber schmeckt eher wie Obst.

Rosmarin und Salbei kann man im Kübel im ungeheizten Gewächshaus überwintern.

SONSTIGE GÄRTNERARBEITEN

Im Freiland werden jetzt späte Gemüse und **Lagergemüse** wie Weißkohl und Möhren geerntet. Was nicht zeitnah verbraucht werden kann, muss kühl gelagert werden. In einer Erdmiete im ungeheizten Gewächshaus sind sie nicht nur vor Frost, sondern auch vor zu viel Nässe, Hasen, Mäusen und anderen Tieren, die sich im Freien selbst bedienen würden, geschützt.

TIPP: Lagern Sie nur unbeschädigtes, gesundes Gemüse in einer Erdmiete und entfernen Sie von Möhren und anderen Wurzelgemüsen vor dem Einlagern das Laub.

Für den Gemüseeinschlag in einem ungeheizten Gewächshaus wird zunächst eine Grube etwa 60–70 cm tief ausgehoben. In diese stellt man das Gemüse nebeneinander und füllt die Zwischenräume mit Erde und Sand aus. Obenauf kommt eine dicke Decke aus Stroh. Wenn die Außentemperatur über dem Gefrierpunkt liegt, sollte das Gewächshaus gelüftet werden. Bei sehr strengem Frost legt man zusätzlich Strohmatten auf die Außenhaut des Gewächshauses.

Wird das Gewächshaus im Winter frostfrei (aber nicht warm!) gehalten, braucht man keine Grube ausheben. Das Lagergut wird in Kisten und Eimer geschichtet und die Zwischenräume mit Erde oder Sand ausgefüllt. Die Kisten deckt man zusätzlich mit einer Strohschicht ab. Nicht vergessen: Bei Temperaturen über 0 °C wird gelüftet, denn nach Möglichkeit soll das Gemüse bei etwa 2–8 °C lagern. Die Temperatur misst man im Lagerbestand, also beim ungeheizten Gewächshaus in der Grube und beim frostfreien Gewächshaus im Eimer oder in der Kiste.

Wer sein Gewächshaus nach der No-Dig-Methode bewirtschaftet, kann im November die jährliche Menge von 3 cm Kompost ausbringen › Seite 51. Dabei spielt es keine Rolle, ob auf dem Boden gerade eine Kultur steht oder nicht.

GEWÄCHSHAUS-INSTANDHALTUNG

Wer sein Kleingewächshaus frostfrei oder wärmer heizt, sollte noch einmal prüfen, ob die Türen und Lüftungsklappen gut schließen. Man kann Gewächshäuser auch nachträglich mit Luftpolsternoppenfolie isolieren und so die Wärmeverluste verringern und Heizkosten sparen. Regelmäßige Kontrollen ersparen den Ärger, der sonst mit der Rechnung kommt.

Wasserleitungen müssen rechtzeitig vor tiefem Frost entleert werden, sonst können die Rohre platzen, weil sich Wasser bei Temperaturen unter 0 °C zu Eis wandelt und dabei ausdehnt. Zum Entleeren stellt man den Zulauf ab und lässt das Restwasser auslaufen › Link im Serviceteil Seite 123.

Gewächshäuser kann man nachträglich mit Luftpolsternoppenfolie isolieren.

NOVEMBER-NOTIZEN

ROTTEHITZE ALS WÄRMEQUELLE

Verrottender Mist oder Gartenabfälle in einem Kompostbehälter können als Wärmequelle im Gewächshaus genutzt werden. So kann man ab Spätwinter auch im Kalthaus ohne Zufuhr von Strom oder fossiler Energie Jungpflanzen anziehen, wenn man sie direkt darüber platziert und eventuell noch mit einer Vlieshaube versieht. Gezeigt wird das in einem Video von Charles Dowding › Link im Serviceteil Seite 122. Mehr zur Temperierung von Gewächshäusern sowie Energieeinsparung finden Sie im Buch „Das Kleingewächshaus: Technik und Nutzung“.

DEZEMBER

Das Kalenderjahr geht zwar zu Ende, doch im Gewächshaus gibt es noch einiges zu tun. Wer Herbst- und Wintergemüse gesät oder gepflanzt hat, ist mit Pflegearbeiten und Ernten beschäftigt. Warme Gewächshäuser werden zur Treiberei oder ersten Jungpflanzenanzucht für das nächste Gartenjahr genutzt.

Zum Jahresende wird aufgeräumt, rekapituliert und das nächste Gartenjahr vorbereitet.

VORBEREITEN

Schon vor dem ersten großen Kälteeinbruch sollte man bereitlegen, was gegen Wärmeverluste hilft: Vliese als Auflage für bepflanzte Beete im ungeheizten Gewächshaus, Strohmatten zur nächtlichen Gewächshausabdeckung und/oder Energieschirme als Barriere gegen Wärmeverluste über das Dach.

Jetzt ist Zeit, die ersten neuen Saatgut- und Pflanzenkataloge anzufordern, um im Dezember und Januar die Aussaaten und Pflanzungen für das nächste Jahr zu planen.

Energieschirm
Wärme steigt nach oben. Eine Zwischendecke, genannt Energieschirm, die zwischen Pflanzen und Dach gespannt wird, reduziert die Wärmeverluste über das Dach. Statt teure Technik zu installieren, kann man einfach einige Schichten Schattiermatten und/oder nachts schwarze Folie über gespannte Drähte legen.

VERFRÜHEN UND TREIBEN

Petersilie kann aus Petersilienwurzeln, am besten von Wurzelpetersilie, getrieben werden. Wer also entsprechende Wurzeln im November geerntet und kühl gelagert oder einen Gärtner als Bezugsquelle hat, kann sie in Töpfe pflanzen und diese bei etwa 8–18 °C im geheizten Gewächshaus oder auf der Fensterbank vortreiben. Bereits nach etwa 4–6 Wochen kann man frisches Petersiliengrün ernten.

Chicorée wird im Mai ins Freiland gesät. Im Herbst werden die Rüben gerodet, die im Dezember für die Treiberei verwendet werden.

Chicorée kann schon ab Dezember aus den Rüben getrieben werden, vorausgesetzt man hat rechtzeitig ausgesät und im Herbst geerntet (Beschreibung des Chicorée-Rübenanbaus › Seite 48). Als Treibgefäße eignen sich Kisten und Eimer, die 35–40 cm hoch sind und unten Wasserabzugslöcher haben. Unten ins Gefäß wird eine 10 cm dicke Schicht aus Gartenerde gegeben. Dahinein stellt man die Rüben eng nebeneinander, nachdem das Laub 3–4 cm über der Rübenschulter abgeschnitten wurde. Nun wird eine

Die Erdbeertreiberei erfordert ein warmes Gewächshaus und Ausdauer. Wenn man jetzt im Dezember beginnt, kann man die ersten Früchte im April ernten.

3 cm dicke Erdschicht über die Rüben gestreut und mit einem scharfen Wasserstrahl eingeschwemmt. Die gefüllten Behälter werden ins warme Gewächshaus oder einen anderen zum Treiben geeigneten Raum gebracht und mit schwarzer Folie oder einem anderen lichtundurchlässigen Material abgedeckt. Die Chicoréesprosse sollen kein Licht erhalten, damit sie hell bleiben und ihren milden Geschmack bewahren. Die Treibtemperatur liegt am besten bei 12–17 °C in der Anfangsphase und wird später wenige Grade erhöht. Der Chicorée kann nach 5–6 Wochen geerntet werden.

Spätestens Mitte Dezember werden die Töpfe mit den **Erdbeerpflanzen**, die im Oktober vorbereitet wurden, ins Gewächshaus geholt.

In einem unbeheizten Gewächshaus erreicht man nur eine leichte Verfrühung. Die Töpfe mit den Erdbeerpflanzen werden zum Schutz der Wurzeln vor Frösten in den Boden eingesenkt. Die Pflanzen werden bei Bedarf gegossen.

Will man mehr Verfrühung, dann muss man heizen. Die Töpfe werden im heizbaren Gewächshaus auf Tische oder Hängeregale gestellt. Die Temperatur wird zunächst langsam auf 10, später auf 20 °C erhöht. Dabei muss auf eine ausreichende Wasserversorgung geachtet werden. Sobald die Pflanzen zu wachsen beginnen, werden sie alle 1–2 Wochen mit einem flüssigen Volldünger gedüngt.

Erdbeeren treiben nur, wenn eine Zeitlang tiefe Temperaturen auf sie eingewirkt haben. Für die Treiberei eignen sich vor allem frühe Erdbeersorten. Die Verwendung mehrerer Sorten mit ähnlicher Blütezeit erhöht die Ernte. Ab Beginn der Blüte muss für die Befruchtung gesorgt werden. Entweder schüttelt man die Erdbeerpflanzen regelmäßig oder man hilft mit einem Haarpinsel nach. Ab April sollten die ersten Früchte erntereif sein.

PFLEGEN UND ERNTEN

Stehen überwinternde Gemüse, Kräuter und Salate wie Spinat, Feldsalat, Winterportulak, Löffelkraut, Porree, Salbei oder Rosmarin im Gewächshaus, muss regelmäßig gejätet werden. Bei Bedarf wird gegossen. Auch im Herbst und Winter darf man das Lüften nicht vergessen, damit die Pflanzen gesund bleiben.

Apropos, Gesundheit: Alle Pflanzen werden regelmäßig auf Krankheiten und Schädlinge untersucht. Kranke Blätter und abgestorbene Pflanzen werden zeitnah entfernt.

Die jungen Blätter vom Winterportulak können roh als Salat verzehrt werden, die älteren werden wie Spinat gekocht.

Im Winter ist die Jungpflanzenanzucht im Warmen nur mit pflanzengerechtem Zusatzlicht erfolgversprechend.

Bei frostfreiem Wetter können Spinat (Aussaat war Ende September/Anfang Oktober), Feldsalat (Aussaat war Anfang bis Mitte Oktober) und Endivien (Aussaat war im Juli, Pflanzung Ende August/Anfang September) im Gewächshaus geerntet werden, soweit die Pflanzen eine erntereife Größe erreicht haben – was vom Herbstwetter abhängt.

JUNGPFLANZENANZUCHT

Theoretisch kann man im geheizten Gewächshaus, Anzuchtbeet oder auf der Fensterbank schon im Dezember mit der Aussaat von besonders langsamen Chilisorten beginnen, damit sie möglichst früh im nächsten Jahr erste Früchte tragen. Für die Keimung werden die Aussaaten auf eine Heizmatte mit 25 °C gestellt. Außerdem erhalten sie pflanzengerechtes Zusatzlicht. Im Großen und Ganzen beginnt die Jungpflanzenanzucht jedoch erst im Januar.

Lampen für die Zusatzbelichtung

Für die Zusatzbelichtung im Gewächshaus eignen sich beispielsweise LED-Pflanzenlampen mit roten und blauen Wellenlängen. Für Pflanzen in Innenräumen, die kein oder kaum Tageslicht erfahren, sollte das Pflanzenlicht auch einen Grünanteil enthalten. Im Gewächshaus an einem Standort mit viel klarem Himmel reicht es, den Tag zu verlängern, indem man die Belichtung (per Zeitschaltuhr) einige Stunden vor dem natürlichen Tagesanbruch anschaltet und so auf einen Tag von insgesamt knapp 16 Stunden kommt. An Orten mit schwachem, einseitigem oder ganz fehlenden natürlichen Licht wird den ganzen Tag (bis zu 16 Stunden) belichtet.

Jetzt wird in schönen Erinnerungen an das vergangene Anbau- und Erntejahr geschwelgt.

SONSTIGE GÄRTNERARBEITEN

Wer Gemüse im Gewächshaus eingelagert hat, sollte es regelmäßig kontrollieren und bei Temperaturen über 0 °C das Gewächshaus lüften.

Da das aktuelle Gartenjahr zu Ende geht, sollte man einen Rückblick auf das vergangene Gartenjahr werfen und notieren, was geklappt hat, welche Sorten einem besonders gut gelungen sind und Ähnliches mehr. Außerdem wird aufgeräumt, Saatgut gesichtet und aussortiert, was sicher nicht mehr keimfähig ist, und verschenkt oder entsorgt, was man an Materialien und Werkzeugen nicht mehr benötigt.

Pflanzgefäße umweltfreundlich entsorgen

Wo Töpfe und Kübel aus den verschiedenen Materialien entsorgt werden können, wenn Recycling, Upcycling oder Verschenken nicht möglich ist:

- Unbehandeltes Holz: Naturholzcontainer beim Wertstoffhof
- Ton und Terracotta: kleine Menge in die Restmülltonne, größere in den Bauschuttcontainer beim Wertstoffhof
- Metall: Schrott-/Metallcontainer beim Wertstoffhof
- Beton und Kunststein: kleine Mengen in die Restmülltonne, sonst Bauschuttcontainer beim Wertstoffhof
- Plastik: Je nach Gemeinde in den gelben Sack/gelbe Tonne oder Trennen nach PE, PP, PVC etc. in den entsprechenden Container, in die Restmülltonne oder besonders große zu Sperrmüll beim Wertstoffhof
- Faserverstärkter Kunststoff: kleine in die Restmülltonne, große zu Sperrmüll beim Wertstoffhof

Doch kann man sich auch schon auf das nächste Gewächshausjahr einstimmen, beispielsweise die neuen Saatgut- und Pflanzenkataloge anfordern, um ab Januar mit den Planungen für das nächste Gartenjahr zu beginnen.

GEWÄCHSHAUS-INSTANDHALTUNG

Spätestens jetzt wird, falls noch nicht geschehen, das Gewächshaus für die kälteste Zeit des Jahres vorbereitet ➤ Seite 112.

Schneit es bereits, sollte man den Schnee vom Gewächshausdach abkehren – nicht nur, damit überwinternde Gemüse tagsüber viel Licht erhalten, sondern weil Schnee- und Eislasten dem Kleingewächshaus extrem schaden, es sogar zum Einsturz bringen können.

DEZEMBER-NOTIZEN

SAATGUT RICHTIG LAGERN

Die Samen müssen beim Abpacken vollständig trocken sein. Saatgut wird am besten dunkel, kühl (bei 0–10 °C) und trocken in luftdicht verschlossenen Behältern aufbewahrt.

SERVICE

Suchen Sie Tipps, wo Sie mehr zu speziellen Themen erfahren oder besondere Samen, Pflanzen, Technik und Ausrüstung erwerben können? Auf den nächsten Seiten finden Sie eine Auswahl an Bezugsquellen, Bücher zum Weiterlesen sowie Internetadressen, wo Sie weitere Informationen finden.

BEZUGSQUELLEN

Ökologisches Saatgut online
www.bingenheimersaatgut.de
www.dreschflegel-saatgut.de

Chili-Saatgut und Pflanzen online
www.chili-shop24.de/chili-zucht
www.pepperworldhotshop.com

Raritäten und historische Arten
Raritäten-Gärtnerei Jan Kalivoda
Eckerstrasse 32a
93471 Arnbruck
shop.garten-jan.de

Nützlinge online
Sautter & Stepper
Rosenstr. 19
72119 Ammerbuch
www.nuetzlinge.de

Gewächshäuser und Zubehör
Krieger Gewächshäuser
Gahlenfeldstr. 5
58313 Herdecke
www.kriegergmbh.de

Ing. G. Beckmann Gewächshäuser & Gartenartikel
(auch Wärmespeicher und Tropfbewässerung)
Simoniusstr. 10
88239 Wangen im Allgäu
www.beckmann-kg.de

Princess Gewächshäuser
Industrieparkstr. 4
A-8480 Mureck
www.glashausbau.com
Weitere Gewächshausmarken (Bezugsquellen) sowie Fragen und Antworten (FAQ) bei:
www.kleingewaechshaus.de

Gewächshäuser und Anbaudemonstrationen
Hochschule Weihenstephan-Triesdorf
Weihenstephaner Gärten/Weihenstephaner Kleingarten
Am Staudengarten 7
85354 Freising
www.hswt.de/weihenstephaner-gaerten/klein

Messgeräte & Co.
MMM Techsupport
Weigandufer 18
12059 Berlin
www.mmm-tech.de

Anzuchttöpfe (torffrei, biologisch abbaubar), Kokos-Quelltöpfe
www.rombergshop.de
(auch bei Samenhaus Müller, Gärtner Pötschke und anderen erhältlich)

Solarsets und Komponenten Photovoltaik
www.solar-autark.com

WEITERLESEN ONLINE

Humusaufbau für Praktiker
(YouTube, Obstbaumschule Schreiber)
www. youtu.be/rRM-9fI1K68

Charles Dowding (No Dig – Gärtnern ohne Umgraben, Englisch)
www. charlesdowding.co.uk/no-dig

Wärme durch Rotte für die Jungpflanzenanzucht (Hotbeds, an old way to raise young plants. YouTube, Charles Dowding)
www. youtu.be/NhPh4sYCW5Q

Boden, pH-Wert
www.gartensaison.de/garten/boden-untersuchung-bodenprobe.htm
www.tinto.de/tipps/naehrstoffe-bei-sauren-neutralen-und-alkalischen-boeden

Bodenentwicklung ist möglich und sichtbar (YouTube, Demeter-Beratung)
www.youtu.be/k8JzmOA-l74

Leitfaden zur Kompostierung im Garten
www.hswt.de/fileadmin/Dateien/Forschung/Wissenstransfer/Freizeitgartenbau/Dokumente/leitfaden-kompostierung_zfw_2014-04

Unterschied zwischen Kompost und Terra Preta
www.tinto.de/tipps/undterschied-zwischen-kompost-und-terra-preta

Hochbeet bauen (Schichten, Material)
www.gartensaison.de/html/hochbeet-bauen

Regenwassernutzung & Regenwasserbewirtschaftung
www. benz24.de/ebook-ratgeber-regenwassernutzung-und-regenwasserbewirtschaftung

Schnecken, Blattläuse und andere Probleme loswerden
www.gartenprobleme.de

Töpfe aus verschiedenen Materialien entsorgen
www.tinto.de/tipps/wie-werden-blumentoepfe-pflanzgefaesse-pflanzgefaesse-moeglichst-umweltgerecht-entsorgt

Gemüsesorten für den Hausgarten
www.hswt.de/forschung/wissenstransfer/2016/maerz-2016/aktuelle-gemuesesorten

Salatanbau
www.hswt.de/forschung/wissenstransfer/2016/juni-2016/salatanbau

Süßkartoffeln
www.hswt.de/forschung/wissenstransfer/2018/ausgabe-1-2018/freizeitgartenbau

Frostsicherheit beim Wasseranschluss
www.hausjournal.net/frostsicherheit-beim-wasseranschluss

Dry Farming (Pflanzen anbauen ohne Bewässerung)
www.tinto.de/dryfarming

Wicking bed construction
www. deepgreenpermaculture.com/diy-instructions/wicking-bed-construction

Versicherung Sturm- und Hagelschäden
www.gartenzeile.de/hagelschaden-gewaechshaus-wer-zahlt

BÜCHER ZUM WEITERLESEN

Dunst, Gerald (2019): Humusaufbau. Sonnenerde, bestellbar bei www.bloomling.at

Dowding, Charles (2020): Charles Dowding's No Dig Gardening: Course 1. No Dig Garden.

Niller, Ernst (1990): Der grosse und der kleine Gemüsegarten: Weihenstephaner Erfahrungen. Verlag Paul Parey.

Schumann, Eva (2020): Gewächshaus und Frühbeet: erfolgreich nutzen für den eigenen Gemüseanbau. Verlag Eugen Ulmer, Stuttgart.

Schumann, Eva (2020): Tomaten, Paprika & Chili. Verlag Eugen Ulmer, Stuttgart.

Schumann, Eva (2019): Gärtnern in Töpfen. Verlag Eugen Ulmer, Stuttgart.

Schumann, Eva/Milicka, Gerhard (2019): Das Kleingewächshaus: Technik und Nutzung. Verlag Eugen Ulmer, Stuttgart.

Schwarzer, Elke (2021): Plastikfrei Gärtnern. Verlag Eugen Ulmer, Stuttgart.

REGISTER

DANKSAGUNG

Hiermit bedanke ich mich sehr herzlich beim Verlag Eugen Ulmer und seinen Mitarbeitern für das Vertrauen in mich und die gute Zusammenarbeit. Herzlichen Dank auch an meine früheren Professoren, Ausbilder, Kollegen und Kolleginnen, ganz besonders Prof. F.-W. Frenz, Ernst Niller, Thomas Jaksch und viele andere liebe, kluge und fleißige Menschen, mit denen ich in meiner Weihenstephaner Zeit und danach beruflich zu tun hatte und von denen ich viel lernen durfte. Herzlichen Dank auch an meine Leser und Leserinnen, deren Interesse mich bestätigt und immer wieder ermutigt, Wissen und Erfahrungen zu teilen. Das ist das Schönste.

BILDQUELLEN

Alex Cofaru/Shutterstock.com: Seite 101
Alf Manciagli/Shutterstock.com: Seite 33
asharkyu/Shutterstock.com: Seite 14
botanikfoto/Friederike Take: Seite 11, 69
botanikfoto/Heinz Hauser: Seite 16, 75, 76
botanikfoto/Steffen Hauser: Seite 67, 17 li
Chiffanna/Shutterstock.com: Seite 72
Dirk Mann (www.flowermedia.com): Seite 109
EvgeniusD/Shutterstock.com: Seite 117 u.
Flora Press/BIOSPHOTO/ Pierre Huguet-Dubief: Seite 95
Flora Press/Botanical Images: Seite 50
Flora Press/Christine Ann Föll: Seite 25
Flora Press/Evi Pelzer: Seite 58
Flora Press/GWI: Seite 86, 116
Flora Press/Meyer-Rebentisch: Seite 4/5, 12, 48, 90, 114, 115
Flora Press/Mint Images: Seite 22/23
Flora Press/Otmar Diez: Seite 88, 118
Flora Press/Sally Tagg: Seite 104
Flora Press/Teubner Foodfoto: Seite 92
Friedrich Strauss Gartenbildagentur / Strauss, Friedrich: Seite 2/3
Halfpoint/Shutterstock.com: Seite 120 (Umschlagrückseite)
Hari Mahidhar/Shutterstock.com: Seite 70
Helga_foto/Shutterstock.com: Seite 32
Irena13/Shutterstock.com: Seite 24
Juliya Shangarey/Shutterstock.com: Seite 82
Kingarion/Shutterstock.com: Seite 43 o.
LFRabanedo/Shutterstock.com: Seite 98
Manfred Ruckszio/Shutterstock.com: Seite 117 o.
mauritius images: 29, 41, 43 u., 45, 52, 56, 61, 66, 78 o., 79, 84, 85, 91, 96, 100, 110, 111 li., 112
Pictures_for_You/Shutterstock.com: Seite 107
Schumann, Eva 8, 10, 15, 17 re., 27, 30, 36, 38, 42, 49, 54, 60, 62, 63, 68, 74, 78 u., 80, 83, 94, 99, 106, 111 re.
sirtravelalot/Shutterstock.com: Seite 40
steshs/Shutterstock.com: Seite 35
Zoonar/Franck Hecker: Seite 102

Das Titelfoto stammt von: moreimages/ Shutterstock.com

Die Icons auf dem Titel stammen von Marion Schreiber.
Die Icons auf Seite 18/19 stammen von Susanne Junker.
Die Zeichnungen fertigte Helmuth Flubacher.

IMPRESSUM

Anmerkung zur Schreibweise (Gendering) der weiblichen, männlichen und unbestimmten Form: Ausschließlich aufgrund der deutlich besseren Lesbarkeit wird in diesem Werk auf die jeweilige Mehrfachnennung oder Anpassung der Schreibweise bestimmter Bezeichnungen verzichtet.

Bibliografische Information der Deutschen Nationalbibliothek
Die Deutsche Nationalbibliothek verzeichnet diese Publikation in der Deutschen Nationalbibliografie; detaillierte bibliografische Daten sind im Internet über http://dnb.d-nb.de abrufbar.

Wollgrasweg 41, 70599 Stuttgart (Hohenheim)
E-Mail: info@ulmer.de
Internet: www.ulmer.de
Lektorat: Alessandra Kreibaum, Helen Haas
Herstellung: Isabell Scherrieble
Umschlaggestaltung: Marion Schreiber, www.marionschreiber.de
Layout: Antje Warnecke, nordendesign.de
Satz: Susanne Junker, Stuttgart, www.redsign.de
Reproduktion: time:ray, Jettingen
Druck und Bindung: Firmengruppe Appl, aprinta Druck, Wemding
Printed in Germany

ISBN 978-3-8186-1415-7

HIER KÖNNEN SIE WEITERLESEN

Das Klein-gewächshaus.
Technik und Nutzung.
E. Schumann, G. Milicka.
5. Auflage 2019. 319 Seiten,
158 Farbfotos, 68 Zeichnungen, 35 Tabellen, geb.
ISBN 978-3-8186-0822-4.

Sowohl Anfänger als auch erfahrene Gewächshausgärtner finden in diesem Buch ausführliche Informationen zu Ausstattung und Wartung des Gewächshauses sowie Grundlagen zu Klima, Wasser und Boden. Fundiertes Wissen rund um die Jungpflanzenanzucht, den Anbau von Gemüse, die Überwinterung von Kübelpflanzen sowie die Kultur von alpinen Pflanzen, Sukkulenten, Farnen, Palmen, Orchideen, Zimmerpflanzen und exotischen Früchten im Gewächshaus, Wintergarten und der ausgebauten Fensterbank werden praxisnah vermittelt.